Helga Kohler-Spiegel

Traumatisierte Kinder in der Schule

verstehen – auffangen – stabilisieren

Patmos Verlag

VERLAGSGRUPPE PATMOS

PATMOS
ESCHBACH
GRÜNEWALD
THORBECKE
SCHWABEN

Die Verlagsgruppe
mit Sinn für das Leben

MIX
Papier aus verantwortungsvollen Quellen
FSC® C043106
FSC www.fsc.org

Für die Schwabenverlag AG ist Nachhaltigkeit ein wichtiger Maßstab ihres Handelns. Wir achten daher auf den Einsatz umweltschonender Ressourcen und Materialien.

1. Auflage 2017

www.patmos.de

Umschlaggestaltung: Finken & Bumiller, Stuttgart
Umschlagabbildung: Suszanne Tucker / Shutterstock
Illustration: Kai Pannen, Hamburg, www.illustrationsbuero.de
Die Illustrationen S. 30, 59, 66, 67 und 71 erschienen bereits in: Hantke/Görges 2012, Beiblatt.
Gestaltung, Satz und Repro: Schwabenverlag AG, Ostfildern
Druck: Grafisches Centrum Cuno GmbH & Co. KG, Calbe
Hergestellt in Deutschland
ISBN 978-3-8436-0933-3 (Print)
ISBN 978-3-8436-0934-0 (eBook)

Inhalt

Vorwort

Das Leben schlägt Wunden. Körperlich wie seelisch. Wir sind es gewohnt, in einem Erste-Hilfe-Kurs medizinisches Grundwissen zu entwickeln, um schnell zu helfen. Für den „psychischen Notfall" und dessen Erstversorgung gibt es so etwas nicht. Warum eigentlich nicht? Die Nicht-Versorgung eines medizinischen Notfalls ist gravierend und ist als „unterlassene Hilfeleistung" strafbar. Die Nicht-Versorgung eines psychischen Notfalls ist genauso fatal (vgl. Krüger 2015, 18).

Kinder und Jugendliche mit Kriegs- und Fluchterfahrungen haben unser Bewusstsein und den Blick für Traumatisierungen auch im pädagogischen Kontext geschärft. Und es wurde deutlich: Anlässe und Ursachen für Traumatisierungen bei Kindern sind vielfältig, ebenso die Reaktionen und die längerfristigen Symptome.

Eine erste Szene: Selina,
ein etwa sechsjähriges Kind, erlebt einen Hunde-Angriff. Die Aufmerksamkeit ist auf die medizinische Versorgung der Verletzungen gerichtet. Die emotionale Beruhigung durch die Nähe eines zugewandten Menschen und der Abbau der inneren Erregung werden wenig beachtet.

Es kann auch uns selbst betreffen …

Dieses Buch handelt nicht nur von Kindern, sondern auch von uns selbst. Zumindest manchmal. Denn wir selbst waren Kinder, und wir selbst erleben auch als Erwachsene Situationen, die traumatisierend sein können. Daher gilt auch für uns, was im Buch an Hilfen für Kinder beschrieben ist. Scheuen Sie sich nicht, auch Ihrer Seele Hilfe zu leisten oder für Ihre Seele Hilfe zu holen.

Es beginnt im Guten …
Frühe Erfahrungen am Beginn des Lebens: Bindung

Zuerst: Der Beginn unseres Lebens war – hoffentlich – begleitet.

> Stellen Sie sich vor:
> Sie tragen ein Baby auf dem Arm, Sie lächeln das Kind an, das Kind nimmt Ihre Gesichtszüge wahr, es nimmt diese auf und lächelt zurück. Sie lächeln wieder, Sie verknüpfen das Lächeln mit Worten, vielleicht mit einem Summen, einer Melodie. Das Kind nimmt zu den Gesichtszügen den Klang Ihrer Stimme auf, es reagiert mit seinen Möglichkeiten, immer in Resonanz zu Ihrem Ausdruck. So entsteht Dialog, so wächst Bindung.

Für den Aufbau dieser frühen Bindung ist der Blickkontakt mit dem Baby von zentraler Bedeutung. Über die Augen werden die Gefühle miteinander abgestimmt und koordiniert.

Stellen Sie sich nochmals vor:
Sie tragen ein kleines Kind auf dem Arm, Sie reagieren auf das Baby, und das Baby reagiert auf Sie. Jede Handlung und jede Veränderung werden vom Reden begleitet, was immer Sie tun, begleiten Sie mit Worten. Und selbstverständlich gehören zu dieser Fein-Abstimmung Berührung und Körperkontakt. Auch dies ist von zentraler Bedeutung: Sie sind auch körperlich mit dem Baby in Beziehung, Sie tragen das Baby und stillen bzw. nähren es, Sie wickeln und baden es, Sie cremen es ein, Sie liebkosen und streicheln es.

Intuitiv verstärken Erwachsene die Mimik, erhöhen die Stimme, unterstützen die Kommunikation mit intensivem Gesichtsausdruck. Durch Stimme und Worte, durch körpersprachliches Zuwenden erfährt das Kind die Botschaft: „Ich sehe dich, ich komme mit dir in Kontakt, ich bin da." Vermutlich ist es gut verständlich, dass diese Botschaft wohltut: „Ich bin ganz da für dich." Im Gegenüber lernt be-

Liebe Leserin, lieber Leser,
gerne informieren wir Sie künftig über unsere Neuerscheinungen. Teilen Sie uns mit, für welche Themen Sie sich interessieren, und schicken Sie einfach diese Karte zurück. Wenn Sie außerdem unsere Fragen auf der Rückseite beantworten, helfen Sie uns, zukünftig genau die Bücher zu machen, die ***Sie*** interessieren!

Bei Rücksendung dieser Bücherkarte nehmen Sie an unserer monatlichen Verlosung teil: Die Gewinnerin/der Gewinner erhält Bücher aus den von Ihnen genannten Themenbereichen im Wert von 50,– €.

VORNAME / NAME

STRASSE / HAUSNUMMER

PLZ / ORT

E-MAIL

Bei Angabe Ihrer Mail-Adresse erhalten Sie rund 6 Mal jährlich unseren Newsletter, der Sie über die uns genannten Themenbereiche informiert.

Antwort

VERLAGSGRUPPE PATMOS
Senefelderstraße 12
D-73760 Ostfildern

Ihre Meinung ist uns wichtig!

DIESE KARTE LAG FOLGENDEM BUCH BEI:

____

IHRE MEINUNG ZU DIESEM BUCH:

____

____

____

____

____

WIE/WO SIND SIE AUF DIESES BUCH GESTOSSEN:

____

____

____

____

Für welche Themen interessieren Sie sich?

- ○ *Psychologie | Lebensgestaltung | Religion | Spiritualität | Kalender* — **PATMOS**
- ○ *Kinderbuch* — **PATMOS** *Kinderbuch*
- ○ *Theologie* — **GRÜNEWALD**
- ○ *Pastorale Praxis | Sieger Köder* — **SCHWABEN**
- ○ *Kochen & Backen | Haus & Garten | Geschenkbuch & Kalender* — **THORBECKE** *Lebensart*
- ○ *Geschichtswissenschaft | Landeskunde Südwestdeutschland* — **THORBECKE** *Geschichte*
- ○ *Kundenmagazin* — Lebe gut

Zu den von Ihnen angekreuzten Themen schicken wir Ihnen gerne halbjährlich unsere Prospekte mit den Neuerscheinungen. Außerdem erhalten Sie bei Angabe Ihrer E-Mail-Adresse unsere jeweiligen Newsletter. (Beides ist jederzeit formlos kündbar.)

____

E-MAIL-ADRESSE

Einen Überblick über unser Gesamtprogramm sowie unsere E-Books finden Sie unter **www.verlagsgruppe-patmos.de.**
Außerdem freuen wir uns über Ihre Wünsche, Fragen oder Kritik an **kundenservice@verlagsgruppe-patmos.de**.

reits das Baby, die Gesichtszüge der Bezugsperson wahrzunehmen und zu verstehen. Es lernt, wie sich Gefühle im Gesicht zeigen, wie Reaktionen gesteuert werden können, wie ein Hin und Her, ein Dialog entsteht. Das Baby wird angeregt, auf die Mimik und Stimme zu reagieren – das Gehirn ist hoch aktiv, schafft Verknüpfungen, bildet sich aus.

Für menschliches Lernen sind diese Erfahrungen zentral. Denn das Baby lernt dadurch auf kognitiver Ebene,

- dass sein Verhalten eine Reaktion bei seiner Bezugsperson verursacht und herbeiführt, dass es also mit seinem Tun andere steuern und etwas bewirken kann;
- dass es vorhersehbare Zusammenhänge zwischen Ereignissen gibt, was die Welt durchschaubar, steuerbar und sicher macht.

Es lernt emotional,

- dass die Bezugsperson ihre Reaktion auf den Erregungszustand des Babys abstimmt und diesen reguliert. Damit kann das Kind im Verlauf der Entwicklung auch lernen, sich selbst zu regulieren und zu beruhigen;
- dass seine Gefühle verstanden werden, dass es Trost spendet, wenn man die eigenen Gefühle mitteilt und teilt.

Dies bildet – neben angeborenen Anteilen – die Grundlage der Persönlichkeit. So entsteht und wächst Bindung.

Deshalb: Als Kinder sicher und geborgen zu sein sowie ausreichend gut beantwortet und begleitet zu werden, ermöglicht uns, auch mit anderen Menschen, mit der Welt und mit uns selbst ausreichend gut umgehen zu können. Es ermöglicht uns auch, hilfreiche Verarbeitungsmöglichkeiten zu entwickeln für die Szenen, die wir erleben und die uns das Leben zumutet.

Wenn dem nicht so ist …

Was aber geschieht, wenn dem nicht so ist, wenn ein kleines Kind nicht gut beantwortet wird? Eindrücklich ist dies im „Still face experiment“, d.h. dem „Experiment des bewegungslosen Gesichts“, sichtbar, in einem kurzen Video von Edward Tronick:
https://www.youtube.com/watch?v=apzXGEbZht0

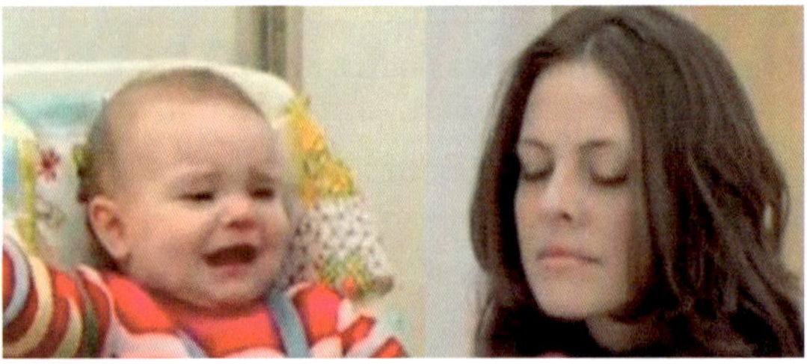

Ein Kind ist es gewohnt, von Mutter (oder Vater oder Geschwister oder einer anderen Bezugsperson) beantwortet zu werden, also Aufmerksamkeit und Zuwendung zu bekommen. Die beiden sind in Kontakt, reden und spielen miteinander, stimmen ihre Gefühle aufeinander ab, kommen in Dialog. Das Baby erlebt, dass es beantwortet wird. Dann wendet sich die Mutter ab und zeigt für zwei Minuten ein „still face“, ein bewegungsloses Gesicht, und beantwortet das Baby nicht. Die Mutter reagiert nicht auf die vielfältigen Kontaktangebote des Kindes, und schnell wird das Kind irritiert, ärgerlich, verunsichert, gelähmt, resignierend, verzweifelt. Eindrücklich wird sichtbar, was in uns Menschen vorgeht, wenn wir nicht beantwortet werden. Beim kleinen Kind kommen diese Reaktionen sehr schnell, nach einer Minute beginnt das Kind bereits, alle seine Möglichkeiten zu nutzen, um die Mama wieder in Kontakt zu holen, um von Mama wieder beantwortet zu werden. Wenn wir älter werden, haben wir (hoffentlich) mehr Möglichkeiten entwickelt, wie wir den Kontakt zu anderen auf konstruktive Weise wiederherstellen können, und vor allem haben wir (hoffentlich) gelernt, wie wir uns selbst beruhigen können.

Zugleich ist aus Forschungen bekannt, dass Kinder, die äußerlich ruhig wirken, dennoch innerlich unruhig und erregt sind, wenn sie nicht oder zu wenig oder unklar beantwortet werden. Man kann ein Kind auch dadurch verwirren, dass es manchmal sehr viel, fast zu viel Zuwendung erlebt, und dann wieder sehr wenig Beachtung erfährt. Wenn ein Kind mit solch hoch widersprüchlichen Beziehungsangeboten aufwächst, kann dies beim Kind zu Verwirrung führen. Denn das Kind erlebt, dass es die Zuwendung des Erwachsenen nicht beeinflussen kann, dass die erwachsene Bezugsperson nicht planbar und verlässlich reagiert, sondern willkürlich und für das Kind nicht steuerbar.

Selbstverständlich erlebt jedes Kind „Frustrationen", Momente, in denen kein Gegenüber da ist, in denen keine andere Person auf das Kind reagieren kann oder will, in denen niemand das Kind „beantwortet". Dies ist nicht nur nicht zu verhindern, dies ist einem Kind auch dosiert zuzumuten – es dient, so heißt es fachlich, dem Aufbau von „Frustrationstoleranz". Das meint, dass ein Kind auch lernen muss, sich mit sich selbst zu beschäftigen, mit sich selbst zu spielen, sich selbst zu beruhigen und zu trösten.

Wenn aber ein Kind vermehrt und wiederholt dem „still face" ausgesetzt ist, wenn ein Kind häufig nicht und/oder widersprüchlich beantwortet wird, dann ist seine Sicherheit in dieser Welt irritiert, dann sind seine Verarbeitungsmöglichkeiten eingeschränkt. Dann kann es sein, dass das Kind gar nicht oder nicht mehr damit rechnet, dass es von seinen Bezugspersonen beantwortet wird. Das Kind wird sich vermutlich alleingelassen fühlen, es kann störend, laut und zappelig sowie aggressiv reagieren. Oder es kann sich zurückziehen und eher depressiv reagieren.

In belastenden Situationen kann ein Kind oft nicht mit Worten, sondern nur mit Veränderungen in seinem Verhalten und/oder in seinen Gefühlen und Stimmungen zeigen, dass etwas nicht gut ist. Wenn es Erwachsene gibt, die dies wahrnehmen, ist es möglich, Kinder in diesen Belastungen zu unterstützen, sodass sie neue Verarbeitungsmöglichkeiten und Verhaltensweisen entwickeln können. Und das Kind erlebt, dass es nicht alleine ist, dass es Menschen gibt, die Sicherheit und Orientierung geben, die helfen, mit Situationen umzugehen, die insofern überfordern, als sie nicht mit den bisher vorhandenen Verarbeitungsmöglichkeiten gelöst werden können. Dann brauchen Kinder besondere Unterstützung, um mit einer solchen besonderen Situation besser umgehen zu können. Wenn dies aber Situationen sind, die das Kind überraschen, die auf das Kind einstürzen, ohne dass das Kind etwas tun kann, wenn das Kind der Situation ausgeliefert ist und niemand da ist, das Kind in dieser Situation zu schützen oder ihm zu helfen, sprechen wir von „Traumatisierung".

Was ist ein Trauma?

Zum Begriff

„Trauma" heißt im Altgriechischen „Verletzung, Wunde". Medizinisch meint der Begriff „Trauma" eine Schädigung, Verletzung oder Verwundung lebenden Gewebes, die durch Gewalteinwirkung von außen entsteht. Dies kann z.B. eine Verletzung durch einen starken Schlag oder Stoß gegen ein Körperteil sein. Medizinisch gehört die Traumatologie zur Unfallchirurgie. Im übertragenen Sinne werden in Medizin und Psychologie auch schwere seelische Verletzungen als „Trauma" oder als „Psychotrauma" bezeichnet.

Unter Psychotrauma versteht man also ein kurzes oder länger andauerndes, einmaliges oder sich wiederholendes, meist unerwartetes dramatisches Ereignis von außen, das beim betroffenen Menschen eine massive, leidvolle seelische Erschütterung nach sich zieht, weil seine Verarbeitungsmöglichkeiten überflutet und damit ausgeschaltet sind. Das Ereignis wirkt sich auf die Stabilität seines Selbst und seines Weltbildes in der Weise zerstörerisch aus, dass er nicht mehr in der Lage ist, Vertrauen in die Welt und positive Vorstellungen von seiner Zukunft zu haben (vgl. Friedmann u.a. 2004, 11f).

Am Beispiel Mobbing lassen sich diese Begriffe verdeutlichen: Die betroffene Person ist seelisch erschüttert, weil wir zwar wissen, dass es solche Erfahrungen gibt, wir aber (fast) immer davon ausgehen, dass es andere, nicht uns selbst betrifft. Erleben zu müssen, die Situation nicht mehr steuern zu können, sich ausgeliefert und ohnmächtig zu fühlen, führt zum Verlust von Vertrauen in die eigenen Fähigkeiten zu handeln und zu gestalten, Situationen zu meistern und für sich selbst zu sorgen. Auch das Bild von der Welt ist betroffen; denn diese Erfahrung nimmt die Sicherheit, mit dem eigenen Verhalten beeinflussen zu können, wie die anderen mit mir umgehen. Die Dynamik länger andauernder Ohnmacht führt weiter dazu, dass das Gefühl sich verstärkt, nicht steuern zu können, vielmehr hilflos und bedroht zu sein. Dies wiederum erhöht erneut die Ohnmacht und die Hilflosigkeit … Die ganze Person ist betroffen, Körper und Gefühle und Gedanken und Seele. Eine Klientin beschrieb es mir so: Es ist, als wäre vom ganzen Körper die Haut abgezogen, als wäre der ganze Körper eine große klaffende Wunde. Es gibt am ganzen Körper keine heile Stelle mehr …

Ursachen und Differenzierungen

Um Traumata zu erkennen, zu verstehen und zu verhindern, wird selbstverständlich nach den grundlegenden Ursachen gefragt. Diese sind

- die Bedrohung des eigenen Lebens und der eigenen Unversehrtheit, vor allem durch Krieg, Terror, Folter, Flucht, Tod, schwere Verletzung, körperliche, sexuelle und seelische Gewalt sowie die jeweilige Angst davor,
- die ernsthafte Bedrohung oder Schädigung von ganz nahestehenden Menschen, von eigenen Kindern, Partnern, Verwandten, Freunden oder auch die Zerstörung des eigenen Hauses und der bisherigen Gemeinschaft,
- oder das Mitansehen müssen, wie eine andere Person durch Unfall oder Gewalt verletzt wird oder stirbt. Hier geht es um ein reales Mitansehen, nicht um die Wahrnehmung in den Medien.

Von Menschen verursachte Traumen („man-made-disaster“) sind deutlich schwerer zu verarbeiten als „nature-made-disaster“, also Katastrophen und Unfalltraumen, die nicht von Menschen verursacht sind.

Mehrere Gruppen von Menschen sind bei einer Traumatisierung mitbetroffen: Es wird unterschieden zwischen

- Primärbetroffenen, also Menschen, die unmittelbar vom Trauma betroffen sind,
- Sekundäropfern, d.h. Menschen, die unmittelbar mit den Traumatisierungen der Primärbetroffenen konfrontiert sind, konkret: Einsatzkräfte, Augenzeugen, Hilfskräfte … und
- Tertiärbetroffenen, d.h. Menschen, die dem Trauma nicht direkt selbst ausgesetzt waren, aber mit traumatisierten Familienmitgliedern und/oder Freunden oder Einsatzkräften zusammenleben und daher indirekt mit dem Trauma und seiner Atmosphäre in Berührung kommen.

Durch den Kontakt mit Kindern und Jugendlichen mit Kriegs- und Fluchterfahrungen haben sich das Bewusstsein und der Blick für Traumatisierungen geschärft. Zugleich wurde deutlich, dass Anlässe und Ursachen für Traumatisierungen bei Kindern vielfältig sind, ebenso die Reaktionen und die längerfristigen Symptome. Und dass nicht nur Kinder mit Fluchterfahrungen, sondern jedes Kind von Traumata betroffen sein kann.

Menschen mit Fluchterfahrungen

Konzept der „Sequentiellen Traumatisierung“

Bei Menschen mit Verfolgungs-, Kriegs- und Fluchterfahrungen spricht man von „sequentieller Traumatisierung“. Dieser Begriff geht auf Hans Keilson (1979) und seine Forschungen zurück: „Das Konzept der sequentiellen Traumatisierung (...) berücksichtigt nicht nur einzelne Erlebnisse und extreme Belastungssituationen, sondern beschreibt den Prozess einer sich verändernden traumatischen Situation, der in mehrere Sequenzen unterteilt ist" (UNHCR Traumahandbuch 2016, 22, und zahlreiche weitere Literatur). „Sequentielle Traumatisierung" verdeutlicht, dass die Zeit der Verfolgung bis zur Flucht, die Flucht selbst und auch die Ankunft im Asylland oft hoch traumatisierend ist. Längere Zeit wurde unterschätzt, wie bedrohlich auch das Ankommen im Aufnahmeland meist ist – die fremde Kultur, der unsichere Status und das Ausgeliefertsein im Verfahren, die Gefahr der Abschiebung, die Angst um Angehörige und Freunde sowie die prekäre Lebenssituation insgesamt.

Sequenz 1 umschreibt den Beginn der Verfolgung und/ oder Krieg bis zur Flucht.
Diese Phase beinhaltet bereits einen massiven Abschied, weil ja vor der Verfolgung bzw. vor dem Krieg ein zufriedenes Leben vor Ort möglich war, mit all dem, was zu einem

„zufriedenen Leben“ vor Ort gehört hat. In dieser Phase wird, zusätzlich zur Bedrohung durch Verfolgung und Krieg und all den damit verbundenen Gefährdungen und Verlusten, auch die Entscheidung gefällt zu fliehen.

„Verzweifeltes Aufgeben“ wird es auch genannt, weil so viel aufgegeben werden muss: das eigene Engagement, eigene Werte und der Einsatz dafür, Arbeit und Wohnung, die vertraute Umgebung und alles, was meist viele Jahre den Alltag geprägt und das Leben strukturiert hat. Vor allem aber müssen Menschen aufgegeben werden, eigene Familienmitglieder, Anverwandte, Freundinnen und Freunde, Kolleginnen und Kollegen und all die Menschen, mit denen man den Alltag am Wohnort und in der Region geteilt hat. Wenn die Flucht alleine geschieht, müssen sogar die engsten und liebsten Menschen zurückgelassen werden.

Sequenz 2 umfasst die Zeit der Flucht.
Die Flucht selbst ist eine Zeit geprägt von Angst und Lebensgefahr, von Entbehrung und Hunger und Kälte, von unsicheren Schlafplätzen, von Übermüdung und Erschöp-

fung. Sie ist geprägt von Gewalt und von existenzieller Abhängigkeit von Schleppern und Polizeikräften. Oft ist die Flucht nicht auf dem geplanten Weg möglich, oft dauert sie viel länger als geplant. Wenn auf der Flucht Familienmitglieder getrennt werden oder verloren gehen, werden Trauer und Verlust und der verlorene Halt nochmal massiver spürbar.

Sequenz 3 nimmt Ankommen und Leben im Asylland in den Blick.
Wer es bis ins Asylland geschafft hat, ist nicht mehr der Bedrohung des Lebens ausgesetzt. Dennoch folgt auch im Aufnahmeland eine Phase großer Unsicherheit, die häufig über lange Zeit andauert. Die prekäre Wohnsituation ohne Rückzugsraum in den Auffanglagern, das Warten auf die Verfahren selbst und auf die Entscheidungen in den Asylverfahren macht hilflos. Die Anforderung an sich selbst ist enorm, eine neue Sprache und meist auch neue Schrift zu lernen, sich in einer fremden Kultur zurechtzufinden, deren Codes und Spielregeln unbekannt sind und manchmal auch als ethisch nicht richtig erlebt werden. Wer im

Asylland angekommen ist, kann Heimweh erleben und in Sorge sein um die Angehörigen zu Hause. Vermutlich fühlt er oder sie sich manchmal einsam, spürt mögliche Ablehnung seitens der Mehrheitsbevölkerung, hat sehr knappe finanzielle Möglichkeiten und noch keine Arbeitserlaubnis. Besteht die Gefahr der Abschiebung, sind die Gefühle von Ausgeliefertsein und Ausweglosigkeit und Todesangst weiterhin vorhanden und verlängern die Traumatisierung.

Selbstverständlich hat in dieser Phase der „chronifizierten Vorläufigkeit" das Verhalten des Aufnahmelandes und der Menschen dort sehr großen Einfluss auf einen möglichen positiven Integrationsprozess. Menschen mit Fluchterfahrungen müssen sich nach einiger Zeit dem inneren Konflikt stellen, Bindungen an das Heimatland aufrechtzuerhalten und zugleich am neuen Ort, in der neuen Sprache und in der neuen Kultur anzukommen. Hierbei können die aufnehmende Gesellschaft mit ihren Gesetzen und die aufnehmenden Menschen mit ihren Angeboten an Kontakt und Unterstützungen sehr viel zur Integration beitragen – oder diese erschweren und manchmal ganz verhindern (vgl. UNHCR Traumahandbuch 2016, 22).

Kinder und Jugendliche mit Fluchterfahrungen

Wir können uns nur annähern an die Gewalt und an das Leid, das manche Kinder in ihren Herkunftsländern ertragen mussten und müssen. Wir können nur teilweise erfassen, was Flucht tatsächlich heißt: alles zurücklassen zu müssen, sich oft von liebsten Menschen nicht verabschieden zu können, weil es zu gefährlich wäre, weil niemand von den Fluchtplänen wissen darf. Flucht heißt (fast) immer Trauer um all das, was zurückgelassen werden muss, ohne wirklich trauern zu können, und Angst vor dem, was wohl kommen wird – die Qual durch die Gleichzeitigkeit so intensiver Gefühle kann nur erahnt werden.

Die Flucht ist oft begleitet von Hunger und Durst, Kälte oder Hitze, Angst um das eigene Leben und das Leben der Angehörigen, aber auch die Verunsicherung und Hilflosigkeit sind (meist) für die Erwachsenen und für die Kinder extrem belastend. Und die „sequentielle Traumatisierung" macht deutlich: Die Ankunft im sogenannten „sicheren Aufnahmeland" führt noch nicht zur Beruhigung, denn der unklare Aufenthaltsstatus, Unsicherheit, mangelnde Sprache und fehlende Perspektiven fördern die Ohnmacht und die Erstarrung. Und häufig wird beim Ankommen im Aufnahmeland erst der Schmerz über den Verlust von Familie, Freunden, Zuhause und gewohnter Kultur richtig spürbar.

Es gibt Literatur für Jugendliche und Erwachsene, die das Mit-Erleben ermöglichen will, stellvertretend für die vielen Bücher seien exemplarisch das kleine Büchlein von Janne Teller genannt: „Krieg. Stell dir vor, er wäre hier", München 2011, oder das bekannte Buch von Fabio Geda: „Im Meer schwimmen Krokodile. Eine wahre Geschichte", München 2011.

Zugleich ist es gut, bei all diesen Ausführungen nicht zu vergessen, wie unterschiedlich Menschen und ihre Erfahrungen und ihre Verarbeitungsmechanismen sind. Es ist das Mitfühlen, das Einfühlen in einen anderen Menschen, das empathisches Verhalten ermöglichen und das Verstehen fördern kann.

Zurück zu den Kindern: Traumatisierung
Eine Annäherung, ein erstes Verstehen

All das kann Kinder betreffen. Schreckliches zu erleben und Schrecklichem ohnmächtig ausgeliefert zu sein, prägt sich tief ins Gehirn ein, manchmal sogar, ohne dass es erinnert werden kann. Bilder, Geräusche, Gerüche … der Körper selbst kann mit allen Sinneskanälen das Erschrecken, die Bedrohung und das Grauen aufnehmen. Diese Bilder können später, auch in sicheren Zeiten, wieder unkontrolliert wie ein innerer Film ablaufen. Das Kind erlebt die gleichen Gefühle, die Angst und den Schrecken, wie damals, häufig in der Nacht als Albträume, aber auch als sogenannte Flash-backs bei Tag.

Dann kann es sein, dass Kinder, davon betroffen, am Tag gereizt oder aggressiv sind, dass sie erschöpft sind. Es kann sein, dass Kinder abwesend wirken, wie in einer anderen Welt. Und dass sie zusammenzucken, wenn sie angesprochen werden. Es kann sein, dass Kinder bestimmte angstmachende Situationen meiden, z.B. nicht mit der Bahn fahren wollen wegen der Uniform des Kontrolleurs, nicht durch eine Unterführung gehen können … Häufig ist aber die Verbindung zu einer alten Erfahrung nicht bewusst, sondern es ist nur die Angst spürbar: Das will ich nicht, das kann ich nicht. Ein lauter Knall kann an Schüsse erinnern, Sirenen-Übungen sind meist besonders schwer zu ertragen und sollten – wenn möglich – nicht unangekündigt überraschen. Zwei Szenen:

Ahmad,
ein siebenjähriger Junge, dem Krieg entflohen und als Flüchtling in Mitteleuropa angekommen, findet in der Schule einen guten Ort. Bis er durch ein Treppenhaus im Tiefparterre vom Schulgebäude in die Turnhallen gehen soll. Vor der Treppe, die unter der Erde zu den Turnhallen führt, bleibt er stehen, erstarrt. Nichts kann ihn bewegen, den Weg im Untergeschoss zu nehmen. Ein Umweg rund um das Schulgebäude ist die Lösung.

Jacqueline
kommt aufgrund eines Wohnortwechsels der Eltern neu in die 3. Klasse Grundschule. Sie kommt gut in der neuen Schule an, zur Lehrerin hat sie schnell Kontakt gefunden, nichts ist auffallend. Außer: Sobald für das Mädchen Stress aufkommt, verkriecht sie sich unter der Schulbank. Es ist der maximale Fluchtort, der für Jacqueline in diesen Momenten möglich ist. Es dauerte Zeit, es brauchte Geduld und Zuwendung, bis Jacqueline Vertrauen zur Lehrerin aufbauen kann, bis sie auch innerlich glauben kann, dass die Lehrerin sie auch in schwierigen Momenten annimmt und wohlwollend zugewandt bleibt, bis Jacqueline nicht mehr unter den Tisch „flüchten“ und sich schützen muss.

Der Stress bleibt

Durch das Trauma steht der Körper permanent unter Hochspannung, „Übererregung“ sagen wir dazu. In Gefahr und Bedrohung ist diese extreme Wachsamkeit und Aufmerksamkeit sinnvoll. Sie bleibt aber im Körper gespeichert, sie kann nicht einfach abgestellt werden, nur weil im Außen wieder Sicherheit und Frieden herrschen. Und so bleiben Anspannung und Stress im Kind, auch wenn es am sicheren Ort ist. Dass diese Übererregung sichtbar werden kann durch Zappeln und Unruhe, durch Schreckhaftigkeit und Rückzug oder durch Aggressivität, ist vermutlich nicht überraschend. Und wie anstrengend es sein muss, innerlich in dieser Übererregung zu leben, können wir wenigstens teilweise erahnen:

„Eine traumatische Situation bedeutet für ein Kind eine extreme, existenzielle Bedrohung. Dabei kann das Kind entweder sich selbst sowie seine körperliche und seelische Einheit oder andere Menschen als bedroht erleben. Entscheidend ist, dass das Kind das Gefühl hat, ohnmächtig zu sein und nichts tun zu können, um sich oder den anderen aus der extremen Not herauszuhelfen. Dies ist die eigentliche ‚Traumafalle': Es gibt bei aller Bedrohung keinen Ausweg. Daraus entsteht ein Gefühl extrem bedrohlicher Hilflosigkeit. Das sich gerade erst entwickelnde Selbstbewusstsein bzw. Selbstvertrauen und das Vertrauen in die Welt (Urvertrauen) werden durch eine derartige Erfahrung nachhaltig erschüttert oder gehen verloren" (Krüger 2015, 19).

Je jünger also Kinder sind, desto verletzlicher sind sie durch Traumatisierungen, weil noch kaum Erfahrungen vorhanden sind, wie man schwierige Situationen meistern und wie man auf diese Kompetenz zurückgreifen kann. Kinder sind auf Unterstützung von Bezugspersonen angewiesen, damit das Vertrauen in die Welt, in ihre Welt nicht verloren geht. Wenn die Selbstintegrität und die Bindungssicherheit beeinträchtigt werden, wird auch die Entwicklung der Identität gestört. Wenn also die Sicherheit: Wenn ich jemanden brauche, ist auch jemand für mich da und hilft mir, verloren ging und wenn ich als Kind nicht mehr erlebe, dass ich durch mein Verhalten etwas bewirken und andere Menschen beeinflussen kann, führt dies zu massiver Verunsicherung. Manche nennen diese Form „Entwicklungstrauma“, da es auf die Entwicklung eines Kindes und auf die spätere Persönlichkeit insgesamt massive Auswirkungen haben kann (vgl. Hofbauer 2016, 58).

Damit ist klar: Für Erwachsene selbst scheinbar nicht so schlimme oder gar unbedeutende Ereignisse können von einem Kind traumatisch erlebt werden, z.B. wenn ein Kind in einen dunklen Keller gesperrt wird oder wenn es die Mama im Kaufhaus für längere Zeit verliert oder wenn notwendige ärztliche Behandlungen mit „Gewalt“, vor allem mit Festhalten, verbunden sind, z.B. eine Untersuchung beim Zahnarzt oder im Krankenhaus.

Überlebensstrategien

Angst ohne Verbindung zu einem sichernden Menschen, keine Hilfe von außen und selbst keine Möglichkeit, die Situation zu verändern: Das meint Bedrohung, ohne Chance auf die beiden – sonst zugänglichen – Verarbeitungsmöglichkeiten, nämlich Kampf oder Flucht. Menschen können in Extremsituationen blitzartig einschätzen, ob in einer Situation Kampf möglich oder das Gegenüber stärker ist. Wenn Kampf nicht möglich ist, ist Flucht ein weiteres Überlebensmuster. Wenn beides nicht geht, müssen Körper und Seele auf das dritte Programm umschalten: Erstarrung. Mit allen Konsequenzen.

Zu den biologischen Stressprogrammen zählen neben Kampf, Flucht und Erstarrung noch die Unterwerfung inklusive der instinktiven Täuschung. Das meint, die mächtige und gefährliche Person durch scheinbar freiwilliges und fröhliches Mitmachen bei ihrem schlimmen Treiben zu befrieden und den totalen Machtverlust zu vermeiden. Dies geschieht oft instinktiv durch Lachen, eine Charme-Offensive, hyperbrav zu sein, sich an den Angstgegner zu binden … (vgl. Weinberg 2015, 50).

Dies gilt für Kinder wie für Erwachsene: Angst oder Bedrohung ohne Verbindung zu einem sichernden Menschen, keine Hilfe von außen und selbst keine Möglichkeit, die Situation zu verändern, das bedeutet, dass Stress und Angst den Menschen überfluten. Der Körper und das Gehirn schalten in den absoluten Notfallmodus zum Überleben. Alles andere wird ausgeblendet. Denken und Verknüpfen und Differenzieren … – diese höheren Denkleistungen sind nicht möglich. Unser Organismus greift auf die stammhirngesteuerten basalen Reaktionsmuster zurück.

Was passiert im Gehirn? Traumaverursachte Veränderungen im Gehirn

„Gerät die Amygdala in Übererregung, blockiert der Hypocampus. Und dann ist kein situationsangemessenes Empfinden und Verhalten mehr möglich“ (Weinberg 2015, 25).

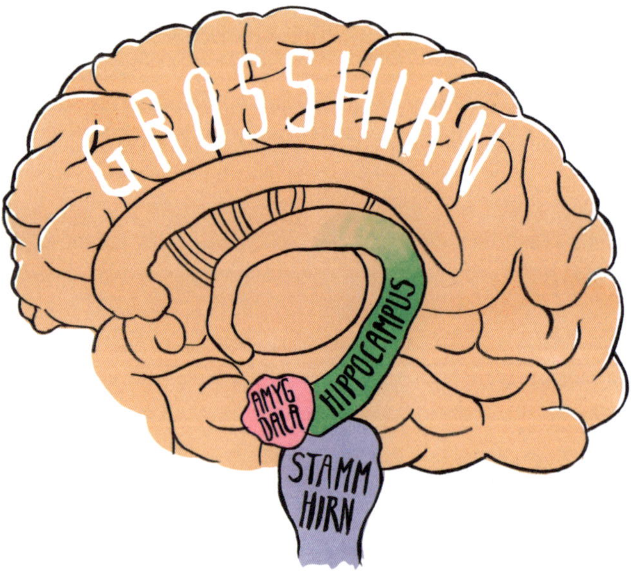

An dieser Grafik lässt sich erläutern, was im Gehirn bei dieser Extrembelastung abläuft (vgl. Traumahandbuch 2016, 18):

Die Amygdala, wegen ihrer Form auch Mandelkern genannt, ist Teil des Limbischen Systems, sie verknüpft Ereignisse mit Emotionen und speichert diese. Die Amygdala verarbeitet externe Impulse und leitet die vegetativen Reaktionen dazu ein, sie kann innerhalb von Bruchteilen von Sekunden Situationen wahrnehmen, emotional bewerten und wiedererkennen, auch gefahrvolle Situationen. Solange die Erregung der Amygdala in einem zuträglichen mittleren Bereich liegt, sind wir wacher, aufmerksamer. Wir nehmen wahr: Was ist da los? Was habe ich für Erfahrungen, Kompetenzen und Ideen dazu? Wenn aber die Amygdala „Gefahr!" meldet und dies über das für die einzelne Person verträgliche Maß geht, dann werden extreme Affekte wie Panik, Todesangst, totale Hilflosigkeit ausgelöst. In dem Moment wird der Hippocampus blockiert, damit die motorischen Stressreaktionen komplett ungehindert und ungehemmt ablaufen können.

Der Hippocampus ist eine zentrale Schaltstation des sogenannten Limbischen Systems. Der Hippocampus ermöglicht die Verarbeitung und Integration unseres Erlebens, Abspeicherns und Erinnerns, um dies aus dem Kurzzeit- in das Langzeitgedächtnis zu überführen und in der Großhirnrinde zu speichern. Der Hippocampus „gibt den ins Gehirn einströmenden Reizen eine sinnvolle Ordnung in Raum, Zeit und Bedeutung. Was durch den Hippocampus solchermaßen sortiert und geordnet wurde, kann dann so gespeichert werden, dass alle Sinneseindrücke, Gefühle und Gedanken, die man miteinander erlebt hat, auch miteinander vernetzt gespeichert werden. Später können sie dann auch geordnet und im Zusammenhang aller Sinnesqualitäten, Raum, Zeit, Handlungen, Gefühle und Gedanken erinnert werden" (Weinberg 2015, 27).

Also: In der Übererregung der Amygdala wird der Hippocampus blockiert, und archaische, von jeder Hemmung befreite motorische Kampf-, Flucht- oder Täuschungsreaktionen oder die Erstarrung (der Totstellreflex) übernehmen die Handlung (vgl. Weinberg 2015, 27f).

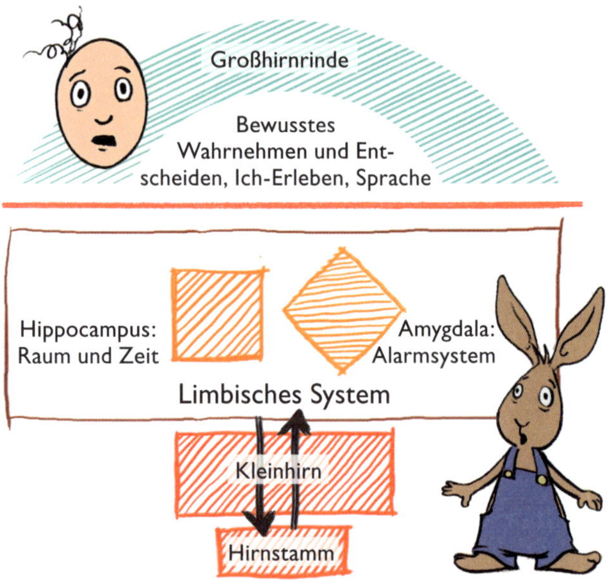

Hantke und Görges (2012) führen zwei Figuren ein: Die Grafik veranschaulicht, dass wir Menschen in uns den „Denker“ und das „Häschen“ haben.

Der „Denker“, als Figur nur ein Kopf, ist ein kluger Kerl. Er schaut alles an, überlegt, wägt ab, denkt nach – und entscheidet, was er tun oder lassen will. Er kann Gedanken und Gefühle wahrnehmen, er steht für die Großhirnrinde mit ihren unglaublichen Möglichkeiten zur Verarbeitung und Reflexion.

„Das Häschen ist ein findiges Tier: Es kann blitzschnell Haken schlagen, flüchten oder – wenn es in die Enge getrieben wird – auch auskeilen und um sich schlagen. Wenn gar nichts anderes mehr geht, verfällt es in Schockstarre“ (Hantke/Görges 2012, 37), wie ein „Kaninchen vor der Schlange“. Das Häschen ist ein Säugetier, es „steht für die Vorgänge im Limbischen System und in den unteren Hirnfunktionen, die denen anderer Säugetiere weitestgehend entsprechen. Dazu zählen zum einen die Alarmanlagenfunktion der Amygdala, aber auch der Bewegungsapparat und die Grundfunktionen unseres Körpers wie Atmung, Herzschlag, Verdauung und Schlaf. Das Häschen steht also für unseren Säugetierkörper“ (Hantke/Görges 2012, 37f).

Vieles ließe sich zur Entwicklung des Gehirns, zu den Stärken und Gefährdungen dabei sagen. Rückblickend auf Kapitel 1 und 2 in diesem Buch sei erinnert: Als Säugling können wir die intensiven Eindrücke nicht selbst verarbeiten, wir werden von ihnen überschwemmt, wenn nicht ein Gegenüber da ist, ein Mensch, der angesichts all der Eindrücke und Körpererfahrungen des Babys hilft und ausgleicht und beruhigt und Sicherheit gibt. Wir Menschen brauchen – nicht nur am Beginn unseres Lebens – ein Gegenüber, das Gefühle spiegelt und mitfühlt, das hilft, Erfahrungen einzuordnen und Sprache für diese Erfahrungen zu finden. Wir brauchen ein Gegenüber, das uns hilft, Gefühle steuern zu lernen, Selbstfürsorge und Empathie zu entwickeln und vieles mehr. Grundlegend haben wir das von den Menschen gelernt, die uns als Kinder versorgten, mit denen wir aufwuchsen und das Leben lernten. Hoffentlich waren diese Menschen fürsorgliche Personen. Manchmal können sie aber auch Wölfe sein oder gar Monster.

Zurück zu der Frage, wie das Gehirn funktioniert und wie es traumatische Erfahrungen verarbeitet. Das Zusammenspiel von Denker und Häschen ist die große Fähigkeit der Menschen. Wenn alles gut ist, wir innerlich ruhig und entspannt sind, dann arbeiten Häschen und Denker gut zusammen. Der Kopf kann sich dann um den übrigen Körper kümmern. Umgekehrt kann das Häschen viel schneller reagieren, wenn es nicht nachdenken muss. Das Häschen kann durch ein gutes oder schlechtes Gefühl dem Denker zeigen, dass alles gut ist oder dass er etwas verändern muss.

Wenn aber das Limbische System auf Notfall umschaltet, konzentriert sich der Körper auf das Überleben, das Herz schlägt heftiger, die Atmung wird kurz und schnell, Darm und Blase werden entleert, damit dieser Ballast nicht auch noch stört, manchmal muss man dann ganz schnell aufs Klo. Alle Energie soll zur Verfügung stehen zum Fliehen oder zum Kämpfen. Wenn beides nicht möglich ist, wird der Körper starr, fühlt sich an wie gelähmt und kann sich nicht bewegen. Gleichzeitig ist man innerlich ganz angespannt, aber die Spannung kann sich nicht äußern.

Es sei bereits hier erwähnt: Während dieses Hochstress-Erlebens haben Appelle an die Vernunft oder Strafandrohungen keinen Effekt. Damit die Steuerung im Hippocampus wieder möglich wird, muss sich die Amygdala wieder beruhigen – und das geschieht, wenn sie die Situation nicht mehr als gefährlich bewertet und zur Ruhe kommen kann (vgl. Weinberg 2015, 30). Die Übererregung in der Amygdala mit den Affekten von Panik, Todesangst oder Tötungslust führt – wie gesagt – zur Blockade des Hippocampus; archaische Kampf-, Flucht- oder Täuschungsreaktionen, ohne Hemmung und Kontrolle, übernehmen die Steuerung. Wenn der Hippocampus durch Hochstress-Erleben blockiert ist, ist ein Mensch weder durch Zureden noch durch Drohungen erreichbar. Erst wenn der Hippocampus wieder aktiv wird, kann die Person mit ihrer Vernunft die Steuerung wieder übernehmen. Also braucht es zuerst Beruhigung und Sicherheit. Oder konkret: Das Häschen muss zuerst beruhigt werden und zur Ruhe kommen, bevor der Denker wieder aktiviert wird und mithelfen kann. Solange das Häschen in Aufruhr ist, gibt es keinen Kontakt zum Denker.

Reaktionsmuster und Überlebensstrategien

In dieser massiven Bedrohung greift der Körper auf die archaischen Reaktionsmuster zurück. Dies sind zuerst Kampf und Flucht. Als Menschen können wir in Extremsituationen blitzartig abschätzen, ob in einer Situation Kampf möglich oder das Gegenüber stärker ist. Wenn Kampf nicht möglich ist, ist Flucht ein weiteres Überlebensmuster. Wenn beides nicht geht, müssen Körper und Seele auf das dritte Programm umschalten: Erstarrung. Mit allen Konsequenzen, denn die Erstarrung kann oft über Jahre im Körper bleiben (dazu unten mehr).

Der Vollständigkeit halber sei erwähnt: Zu den biologischen Stressprogrammen gibt es neben Kampf und Flucht und Erstarrung noch die Unterwerfung inklusive der instinktiven Täuschung. Das meint: Die mächtige und gefährliche Person wird durch scheinbar freiwilliges und fröhliches Mitmachen bei ihrem schlimmen Treiben befriedet. So bleibt das Gefühl erhalten, ein wenig steuern und etwas beeinflussen zu können, der totale Machtverlust wird vermieden. Dies geschieht oft instinktiv durch Lachen, durch eine Charme-Offensive oder indem man sich an den Angstgegner bindet und hoch angepasst ist. Die Verbindung zum „Stockholm-Syndrom“, dem psychologischen Phänomen, bei dem Opfer von Geiselnahmen ein positives emotionales Verhältnis zu ihren Entführern aufbauen, sei hier nur erwähnt. Dies kann dazu führen, dass das Opfer mit dem Täter oder den Tätern sympathisiert und mit ihnen kooperiert (vgl. Weinberg 2015, 50).

Das Notprogramm

Im Bild vom Denker und Häschen bedeutet dies: Die biologischen Reaktionen kann das Häschen ganz alleine ohne Denker durchführen. Der Denker bräuchte viel zu lang dafür, deshalb wird er einfach abgeschaltet, wenn es ums Überleben geht. Der Denker muss hinnehmen, was passiert. Konkret: Etwas von außen bringt das Häschen in Aufruhr, es beginnt, ohne den Denker zu reagieren, weil es ganz schnell reagieren muss. Das Häschen kennt in Stress und Not, wenn es sich bedroht fühlt, die genannten Reaktionen: kämpfen, fliehen oder totstellen.

Hier ist eine Ergänzung wichtig: Das ist auch der Grund, warum bei Gewalterfahrungen die Frage „Warum haben Sie sich, warum hast du dich nicht gewehrt?“ von Unverständnis zeugt. In Bruchteilen von Sekunden entscheidet ein Mensch in der Bedrohung, ob Kampf überhaupt eine Option ist. Wenn die Entscheidung „nein“ heißt, läuft bereits das weitere Programm ab, und zwar ohne dass darüber nachgedacht werden kann: nämlich Flucht. Und wenn Flucht ebenso wenig möglich ist, folgt als letzte Möglichkeit: Erstarrung. Diese Überlebensprogramme des Häschens funktionieren – wie gesagt – ohne Denker, nur so sind so schnelle Entscheidungen möglich. Insofern stellt sich nicht die Frage, ob es objektiv eine Möglichkeit zu Kampf oder Flucht gegeben hätte. Vielmehr hat die betroffene Person – egal, wie alt sie ist – bzw. ihr Überlebensprogramm so und nicht anders entschieden.

Es gibt vielfältige Gründe, dass das Häschen in Aufregung gerät. Da kann plötzlich eine Situation entstehen, die eine Person stresst und überfordert; dann kann es sein, dass es zwischen Häschen und Denker Wellen schlägt, aber sie fin-

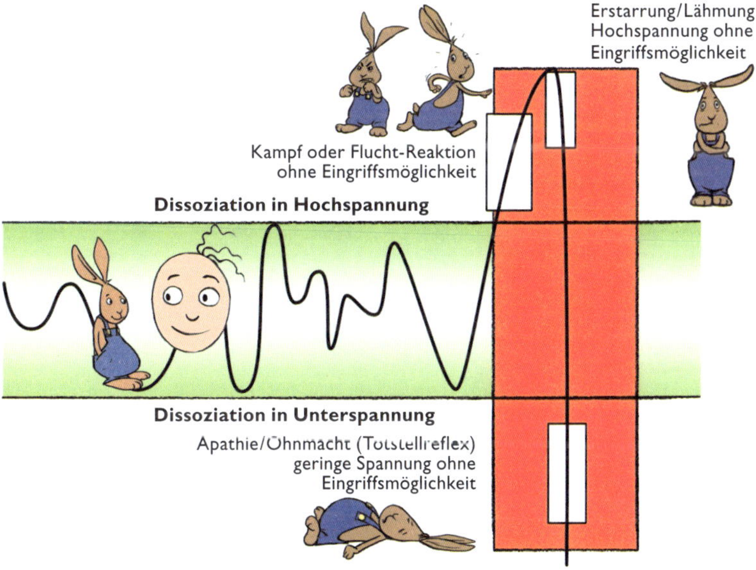

den sich wieder. Das Häschen kann sich beruhigen, und Denker und Häschen können wieder gut zusammenarbeiten.

Es kann aber auch sein, dass eine Situation auftaucht, die das Häschen plötzlich so in Aufruhr bringt, dass das Notprogramm startet. Oder es kann sein, dass eine Situation auftaucht, die das Häschen an eine frühere Not oder Bedrohung oder massiven Stress – an eine „Wunde“ erinnert. Das Häschen gerät in Aufruhr, es kann sich nicht mehr beruhigen. Es kommt in Hochspannung, es reagiert völlig heftig, es rastet aus, auch wenn es das gar nicht will. Die Gefühle sind überwältigend, der Denker ist längst außer Gefecht gesetzt, der Denker kann das Häschen nicht mehr steuern. Das Häschen ist im Kampfmodus, es streitet, ist aggressiv … Oder das Häschen reagiert mit Flucht, es zieht sich zurück, macht sich unsichtbar, es verstummt … Es ist klar, dass sich das Häschen in dieser Not (oft) nicht selbst beruhigen kann, sondern dass es Hilfe braucht, jemanden, der da ist und es beruhigt – wie auch immer. Und es ist klar, dass es Beruhigung und Geduld braucht, bis das Häschen wieder zur Ruhe kommen kann.

Nun kann es aber auch sein, dass das Häschen nicht mehr kämpfen und nicht mehr fliehen kann – dass es erstarrt, sich nur noch totstellen kann, wie weggetreten ist, nicht mehr reagieren kann … und dann braucht es besonders viel Hilfe …

„Häschen" und „Denker"

Vielleicht sind Sie in Gedanken bereits an eigene Erfahrungen erinnert worden, vielleicht sind Menschen, die Ihnen nahestehen, die Sie kennen, vor Ihrem inneren Auge aufgetaucht. Jeder Mensch hat ein Häschen und einen Denker in sich. Und – hoffentlich – gibt es viele Situationen, in denen diese beiden gut miteinander kooperieren. Aber es gibt in jeder Altersphase die Erfahrung, dass das Häschen in bestimmten Situationen in Aufruhr gerät, dass ein Satz oder eine Szene, eine eigenwillige Begegnung, dass eine Situation alte Wunden anstößt, „triggert", wie man fachlich sagt. Dann kann das Häschen – von außen wahrgenommen manchmal wie aus dem Nichts heraus – in totalen Aufruhr geraten, es kann sein, dass das Häschen zum Kampf übergeht, ohne dass die Umgebung versteht, warum der Mensch jetzt so aggressiv reagiert und so kämpft, warum das Häschen in diesem Menschen jetzt dermaßen in Not und in Aufruhr gerät. Sehr hilfreich ist, wenn man als betroffene Person (wenn noch möglich) und vor allem als Gegenüber merkt, dass da ein Häschen in völliger Aufregung ist.

Andere Darstellungen – ein Beispiel

Eine andere, sehr bekannte Darstellung geht auf Andreas Krüger zurück: Er nennt das Stammhirn „Eidechsengehirn“, weil es die archaischen Reaktionen zeigt: Kampf, Flucht – und Totstellen. Das „Katzengehirn“ bezeichnet den Teil des Gehirns, in dem die Emotionen angesiedelt sind und auch das Gedächtnis, die Erinnerung. Im „Professorengehirn“ liegen Denken, Überlegen und Verarbeiten (vgl. Krüger 2011, 44ff). Im entspannten Zustand arbeiten Katzen- und Professorengehirn zusammen. Wenn das Notfallprogramm losgeht, eine „traumatisierende Situation“ im Jetzt oder eine solche frühere Situation angetippt, „getriggert“ wird, dann übernimmt das Eidechsengehirn die Reaktion, das Überlebensprogramm aus früher Vorzeit, es agiert wie ein „Dinosaurier im Kopf“ (Krüger 2011, 55): Kampf, Flucht und/oder Erstarrung.

An einem Beispiel lässt sich die Komplexität einer Traumatisierung gut zeigen. Im Anschluss an das Beispiel sind Einflussfaktoren sowie Folgen und Reaktionen beim Kind aufgelistet, die Zahlen im Beispiel beziehen sich auf diese nachfolgenden Punkte:

> „Der sechsjährige Florian
> hat bezeugt, wie sein Freund Maximilian unvermittelt auf dem gemeinsamen Schulweg von drei älteren Kindern zunächst verbal bedroht wurde (2, 3). Dann, so berichtet er, hätten die Jugendlichen begonnen, ihn zu schubsen und auf ihn einzutreten, als er zu Boden gegangen sei. Zunächst habe Maximilian sich noch gewehrt, habe geschrien, später geweint, dann keinen Laut mehr von sich gegeben (4, 5, 6). Florian berichtete, dass er Angst um das Leben seines Freundes gehabt habe (1). Die Situation habe bei ihm totale

Angst (8) und Hilflosigkeit (9) ausgelöst. Er hätte so gern etwas für den Freund getan, wusste aber nicht, was (10, 11). Er beschrieb, in dieser Situation ‚wie am Boden angeklebt' dagestanden zu haben. Er habe auch nicht weglaufen können, habe nichts mehr denken können (12, 13). Irgendwann hätten die Peiniger von seinem Freund abgelassen und hätten wohl selbst Angst gehabt, dass sie Maximilian ernsthaft verletzt haben könnten. Sie ließen den Jungen allein, rannten einfach weg. Erst einige Zeit später sei Florian wieder in der Lage gewesen, sich zu bewegen. Er sei dann zu seinem Freund gegangen und sei froh gewesen, dass er noch lebte. Erst nach einer weiteren längeren Zeit sei eine ältere Dame vorbeigekommen, die sich aber abgewandt habe (6). Florian habe sie nicht ansprechen können, Maximilian ebenso wenig. Der habe immer wieder schmerzerfüllt geweint. Erst der nächste Passant habe die Jungen angesprochen und Maximilian nach Hause begleitet. Ihn, Florian, habe er ohne weitere Kommentare nach Hause geschickt. In Folge konnten bei dem Jungen Anzeichen einer Posttraumatischen Belastungsstörung festgestellt werden. Heftige Schuldgefühle, dem Freund nicht geholfen zu haben, kamen hinzu" (Krüger 2015, 20 und 22).

Zwei Aspekte kommen zusammen: Zum einen sind Faktoren von außen vorhanden, die ein Ereignis zum Trauma machen, und zum anderen kommen die persönliche Wahrnehmung des Kindes und seine Reaktionen dazu. Je nach Alter des Kindes wird es eine Situation anders einschätzen; je jünger das Kind ist, desto schwieriger ist es für das Kind, die Situation realistisch einzuschätzen. Andreas Krüger listet in seinen Forschungen die Faktoren von außen und die Folgen in der Wahrnehmung des Kindes auf:

Einflussfaktoren, die Ereignisse zu einem Trauma machen:

1. Unausweichliche Lebensbedrohung für sich selbst oder eine nahestehende Person
2. Unvorhergesehene, plötzlich eintretende Bedrohung
3. Zwischenmenschliche Gewalterfahrungen
4. Lang anhaltendes Geschehen
5. Keine Hilfe von außen
6. Versagen des Schutzes durch Erwachsene, Eltern
7. Bedrohung durch einen nahestehenden Menschen

Die Folgen: die Wahrnehmung des Kindes und typische Reaktionen

1. Existenzielle (Lebens-)Angst
2. Hilfloses Ausgeliefertsein
3. Eine Bewältigung der Situation ist aus Sicht des Kindes nicht möglich.
4. Versagen von biologisch festgelegten Flucht- oder Kampfreaktionen
5. Akute Ohnmacht und Erstarrung
6. Akute Bewusstseinsabspaltung in der Situation (Krüger 2015, 21)

Enttraumatisierungsprogramme

Und wieder gilt: Wenn das Kind in der kritischen Phase nach der Situation, die als traumatisierend erlebt wurde, gut beantwortet wird, wenn also das Kind Hilfe erfährt und diese Unterstützung auch wirksam ist, kann sich das Kind beruhigen. Die biologischen „Enttraumatisierungsprogramme", nämlich z.B. ins Leere starren, massives Zittern, frieren, wimmern, den Körper wiegen … sind in unserer Gesellschaft oft tabuisiert. In dieser ersten Schockphase unterstützen Notfallpsychologie und Kriseninterventionsteams und helfen, dass die Traumatisierung hilfreich beantwortet wird. Gottseidank machen viele Eltern und Bezugspersonen, Kindergartenpädagoginnen und Lehrpersonen intuitiv das, was auch fachlich sinnvoll ist: das Kind in Herz-zu-Herz-Position bringen, das Atmen stimulieren und die Stimme beruhigend einsetzen, Körpergeruch und rhythmische Bewegungen anbieten, Wiegen. Dann kann die Botschaft ankommen: Es gibt Schutz, Trost, körperliche Nähe, Beruhigung, oder anders gesagt: „Du bist nicht allein." Und: Wir können etwas tun, wir können handeln.

Es finden also – wenn es „gut" geht – zeitnahe und körpernahe „Enttraumatisierungsprogramme" statt. Das Erschrecken und die Angst und die Ohnmacht … können aus dem Körper, und das Kind kann wieder zur Ruhe kommen. Mit Zeit und Geduld können Häschen und Denker allmählich wieder gut zusammenarbeiten. Zahlreiche Traumatisierungen führen nicht zu einer länger anhaltenden Belastung oder Verletzung der Seele, weil erwachsene Personen oder andere Kinder intuitiv oder bewusst unterstützend reagieren, das Kind in seiner Überforderung und Erstarrung wahrnehmen, das Kind beruhigen durch Nähe und Sicherheit, von Herz zu Herz, Atem und Stimme, Halten und Wiegen … Dann kann die Botschaft ankommen: „Du kannst dich beruhigen." „Ich bin da und schütze dich." „Du bist nicht allein." Dann gelingt es, vom Notfallprogramm wieder in das Normalprogramm umzuschalten.

Wenn die Unterstützung fehlt …
Posttraumatische Belastungsstörung

Was ist eine Posttraumatische Belastungsstörung?

Wenn diese Unterstützung fehlt und die Beruhigung nicht geschieht, wenn die extreme Belastungssituation anhält oder nicht abgebaut werden kann, wenn das Kind seelisch nicht aufgefangen und beantwortet wird, kann es zu einer sogenannten Traumafolgestörung oder Posttraumatischen Belastung(sstörung) kommen. Oft denken Erwachsene: „Ein kleines Kind vergisst schnell und bekommt viele Dinge noch nicht mit." Hanne Shah nimmt diesen Gedanken auf und schreibt: „Stimmt und stimmt nicht. Kein Mensch erinnert sich an die eigene Geburt und praktisch kaum einer an Begebenheiten vor dem zweiten Lebensjahr. Und die meisten haben auch nur eine fragmentierte Erinnerung an Ereignisse in den ersten fünf Lebensjahren" (Shah 2016, 25). Und doch haben uns die Erfahrungen in der frühen Kindheit geprägt, auch die Extremerfahrungen. Diese schweren Erfahrungen wirken auf den ganzen Körper und sind im Gehirn in einem Bereich gespeichert, auf den nicht bewusst zugegriffen werden kann. Auch wenn sich Kinder – und manchmal auch Erwachsene – nicht mehr an die konkreten Bilder und Szenen erinnern, die sie erlebt haben, können trotzdem alle Anzeichen einer Traumafolgestörung auftreten. Erschrecken und Bedrohung und Angst und Kälte und Abschied und Trauer setzen sich im Körper fest. Und sie können sichtbar werden, sie können auf- und ausbrechen, wenn wir das nicht erwarten und wenn wir das nicht wollen …

Damit ist klar, dass bei Kindern mit familiären Traumatisierungen das Beenden der Gewalt oder das Verhindern von erneutem Täterkontakt oder die Aufnahme in eine passende Pflegefamilie leider nicht bedeutet, dass damit alles wieder gut ist. Ebenso wenig wie bei Kindern mit Fluchterfahrungen das Ankommen im sicheren Aufnahmeland nicht automatisch die Entspannung der Belastung bedeutet. Vielmehr wissen wir heute, dass Anspannung und Übererregung weiterhin im Körper stecken, dass der Körper Szenen und Empfindungen gespeichert hat, auch wenn die auslösenden Bilder und Gefühle nicht mehr bewusst abrufbar sind. Und wenn dieser Extremstress andauernd oder oft wiederholt erlebt werden muss oder musste, kommt es zu komplexen und/oder chronischen Traumafolgestörungen.

Ein Beispiel: Ein etwa achtjähriges Kind
erlebt einen Autounfall, die Aufmerksamkeit ist auf die medizinische Versorgung der Verletzungen gerichtet, diese Verletzungen sind nicht allzu schwer, nach kurzen Abklärungen im Spital können alle nach Hause entlassen werden. Die emotionalen Bedürfnisse nach Beruhigung aber werden nicht weiter beachtet, es ist ja alles gut ausgegangen. Nach einer gewissen Zeit sind die körperlichen Wunden verheilt, im Inneren des Kindes aber bleibt eine Unruhe, eine Anspannung, die manchmal durch inneres Abtauchen und manchmal durch aggressives Verhalten sichtbar wird.

Wenn es nicht zu einer Auflösung der Bedrohung kommt und Körper und Seele im Dauerstress bleiben und es damit zu einer chronischen Überforderung des Organismus kommt, sprechen wir also von Traumafolgestörung: Das Kind bzw. Teile des Kindes bleiben in der Schockstarre oder in der Übererregung. Bei aller Unterschiedlichkeit in den

Reaktionen können diese Symptome unter diesen drei Stichworten zusammengefasst werden:

- Übererregung (Arousal Symptome)
- Intrusionen bzw. intrusive Symptome, d.h. wiederkehrende überwältigende Erinnerungen wie Bilderstürme und damit ein Wiedererleben der Situation
- Vermeidungsverhalten und veränderte, dissoziative Bewusstseinszustände

Diagnostisch gilt, dass diese Symptome erst nach dem Ereignis erstmalig aufgetreten sind und erst nach dem Ereignis begonnen haben, dass diese länger als einen Monat andauern und relevant intensiv sind.

Unterscheidungen in der Diagnose

Ich werde die Symptome genauer beschreiben, ich werde Sie nicht mit Diagnostik quälen, welche Zuordnungen Traumen und deren Folgestörungen in der „Internationalen statistischen Klassifikation der Krankheiten und verwandter Gesundheitsprobleme“ (ICD-10) oder im „diagnostischen und statistischen Leitfaden psychischer Störungen“, dem bekanntesten Klassifikationssystem in der Psychiatrie (DSM 5), haben. Schwerpunktmäßig ist von akuter Belastungsreaktion (F43.0), von Posttraumatischen Belastungsstörungen (F43.1) und von Anpassungsstörungen (F43.2) die Rede. ICD-10 ist das wichtigste, weltweit anerkannte Diagnoseklassifikationssystem der Medizin. Es wird von der Weltgesundheitsorganisation (WHO) herausgegeben. Die aktuelle, international gültige Ausgabe ist ICD-10, Version 2016.

Akute Belastungsreaktion

Sie ist im ICD-10 unter F43.0 beschrieben, sie schließt akute Krisensituationen ein. Dies sind vorübergehende Störungen, die sich bei einem psychisch nicht auffälligen Menschen als Reaktion auf eine außergewöhnliche physische oder psychische Belastung entwickelt haben. Nach einem belastenden Ereignis können innerhalb der ersten vier Wochen akute Schock-Symptome auftreten, diese zeigen sich z.B. in einem Zustand der Betäubung, Desorientierung, körperlichen Stresssymptomen und starken emotionalen Schwankungen (konkret meist ein schneller Wechsel zwischen Wut und Trauer und Aggression und Teilnahmslosigkeit), Schlaflosigkeit oder Ein- und Durchschlafstörungen, Konzentrationsstörungen und Leistungsabfall. Diese Symptome klingen nach Stunden oder spätestens nach einigen Tagen wieder ab. Wenn dies nicht geschieht, muss die Veränderung der Diagnose erwogen werden.

Posttraumatische Belastungsstörungen

Unter F43.1 im IDC-10 werden Belastungsstörungen gefasst, die verzögert auf eine extrem belastende Situation innerhalb eines halben Jahres nach dem traumatischen Ereignis auftreten. „Diagnostiziert wird eine PTBS, wenn der/die Betroffene einmal oder mehrmals einer Todesangst auslösenden Bedrohung ausgesetzt war, von wiederkehrenden eindringlichen Erinnerungen (Intrusionen, Flashbacks und/oder Alpträumen [sic!]) geplagt wird und alles, was an das traumatische Ereignis erinnert, vermeidet oder zu vermeiden versucht. Zusätzlich müssen einige [...] Symptome, wie etwa Schlafstörungen, Reizbarkeit, Wutausbrüche, Konzentrationsmangel, Schreckhaftigkeit, erhöhte Wachsamkeit, Amnesie (von Erinnerungslücken bis zum Verlust des Gedächtnisses) gegeben sein, um von einer PTBS sprechen zu können“ (Handbuch UNHCR 2016, 31).

Anpassungsstörungen

„Hierbei handelt es sich um Zustände von subjektiver Bedrängnis und emotionaler Beeinträchtigung, die im Allgemeinen soziale Funktionen und Leistungen behindern und während des Anpassungsprozesses nach einer entscheidenden Lebensveränderung oder nach belastenden Lebensereignissen auftreten. Die Belastung kann das soziale Netz des Betroffenen beschädigt haben (wie bei einem Trauerfall oder Trennungserlebnissen) oder das weitere Umfeld sozialer Unterstützung oder soziale Werte (wie bei Emigration oder nach Flucht). Sie kann auch in einem größeren Entwicklungsschritt oder einer Krise bestehen (wie Schulbesuch, Elternschaft, Misserfolg, Erreichen eines ersehnten Zieles und Ruhestand)“ (ICD-10, F43.2 Internet).

Die Persönlichkeit der betroffenen Person spielt beim Auftreten einer Anpassungsstörung eine bedeutsame Rolle. Es ist aber davon auszugehen, dass das Krankheitsbild ohne die Belastung nicht entstanden wäre. „Die Anzeichen sind unterschiedlich und umfassen depressive Stimmung, Angst oder Sorge (oder eine Mischung von diesen). Außerdem kann ein Gefühl bestehen, mit den alltäglichen Gegebenheiten nicht zurechtzukommen, diese nicht vorausplanen oder fortsetzen zu können. Störungen des Sozialverhaltens können insbesondere bei Jugendlichen ein zusätzliches Symptom sein. Hervorstechendes Merkmal kann eine kurze oder längere depressive Reaktion oder eine Störung anderer Gefühle und des Sozialverhaltens sein“ (ICD-10, F43.2 Internet). Die Krankheitsbilder wie Angst, Sorge, depressive Stimmung oder ein Gefühl der Überforderung mit dem Alltag treten deutlich hervor, dauern aber selten länger als sechs Monate an.

Zentrale Symptome

Übererregung

Bei einem Tier unter Stress ist es gut sichtbar, dieses „auf dem Sprung“ sein. Beim Menschen kann sich diese Übererregung als allgemeine Unruhe zeigen, als übermäßig aktives Verhalten, es kann einhergehen mit Einschlaf- und Durchschlafstörungen, mit Konzentrationsstörungen und Stimmungsschwankungen. Es kann sich irritierendes Verhalten zeigen, aggressive Impulsdurchbrüche, auch Gewalt. Es kann aussehen wie ADHS, ist es aber nicht. Das stört – zu Hause und im Kindergarten und in der Schule. Die Kinder verstärken ihr Verhalten oder ziehen sich beschämt zurück.

Und: Wir Erwachsene reagieren unterschiedlich. Das Verhalten des Kindes kann als störend und „ungezogen“ definiert, das Kind bestraft und ausgegrenzt werden. Oder wir sehen das Verhalten als ein Problem des Kindes, dann konzentrieren wir uns vermutlich auf die Behandlung der Symptome, Medikamente sollen dann evtl. helfen.

Eine kurze Szene: Montagmorgen
an einer Realschule, 8. Klasse. Der Lehrer geht durch die Sitzreihen, um die Hausaufgaben zu kontrollieren. Beim Nachfragen bei einem Schüler, warum seine Hausübung nicht vorliege, antwortet dieser mit „Arschloch“. Selbstverständlich ist diese Antwort nicht zu tolerieren, vermutlich greift der Lehrer zu einer Sanktion oder zeigt seinen Ärger, die Grenze des Schülerverhaltens muss markiert werden. Zugleich aber könnte hier nicht nur destruktives Verhalten sichtbar werden, sondern – um beim Bild der Traumatisierung zu bleiben – „ein Hase“, am Montagmorgen bereits im Kampfmodus oder chronisch im Kampfmodus. Bei diesem 14-jährigen Schüler war an diesem Montagmorgen ein Häs-

chen ohne Denker zu hören. Er war – wie sich dann herausstellte – nicht chronifiziert, sondern an diesem Montagmorgen aufgrund von massiven Streitszenen zwischen den Eltern zu Hause völlig in Aufruhr.

Hier zeichnen sich schon erste Hinweise für den Umgang mit solchen Szenen auch in pädagogischen Einrichtungen ab: Das Verhalten wird begrenzt und korrigiert, die Person selbst wird „beantwortet", die Not bzw. das Häschen in Not wird ebenfalls gesehen. Beides ist wichtig: Es bleibt klar, dass destruktive Verhaltensweisen nicht toleriert werden. Und es bleibt klar, dass das Kind oder der Jugendliche in seiner Not wahrgenommen wird.

Wiedererleben, überwältigende Erinnerungen (Intrusionen)

Im Kontext von Posttraumatischen Belastungsstörungen zwingen manchmal Albträume und Angstträume zum Wiedererleben der Gefühle. Bei älteren Kindern und Jugendlichen sind Flashbacks oft mit extremen Panik- und Trostlosigkeitsgefühlen, mit Herzrasen und (meist kalten) Schweißausbrüchen verbunden. Die Not in diesen Flashbacks kann bis zur Selbstverletzung und Suizidalität führen. Bei jüngeren Kindern (bis Mitte Grundschule) werden oft traumatische Situationen im Spiel oder in alltäglichen Szenen wiederholt, verbunden mit Abwesenheit des Kindes, Starre, leerem Blick.

Vermeidungsverhalten und negative kognitive Veränderungen

Deutliches Vermeiden bestimmter Situationen soll der Entspannung dienen, um Beruhigung zu finden. So kann es sein, dass sich ein Kind, das bei einem Verkehrsunfall Zeuge vom Tod eines Menschen wurde, wehrt, auf die Straße zu gehen. Sichtbar sind ein signifikant erhöhtes Auftreten negativer Gefühle, wie Angst, Schuld, Traurigkeit, Scham, Verwirrtheit, deutlich verringertes Interesse oder kaum Teilnahme an wichtigen Aktivitäten, begrenztes Spiel, sozialer Rückzug und dauerhafte Reduktion positiver Gefühle. Was aussehen kann wie eine depressive Erkrankung, kann reaktiv depressiv im Sinne dieses Vermeidungsverhaltens sein.

Leider: Negative Selbstzuschreibungen, Selbstabwertungen, Ekel vor sich selbst und Ähnliches sind nicht selten. Und diese sind nachhaltig, denn: Traumatisierende Erfahrungen wuchern in die Ich-Entwicklung hinein, sie behindern die Identitätsentwicklung des Kindes und bestimmen sein Selbstkonzept. Wenn z.B. ein Kind sexualisierte Gewalt erlebt, wird es die Frage: „Wer bin ich, dass er so etwas mit mir macht?“, häufig beantworten mit „Ich bin ein schlechtes Kind“ oder „Ich bin schuld“. Oder beim Suizid eines Elternteils mit Gedanken wie: „Ich war es der Mama nicht wert, dass sie weiterleben wollte.“

Im Besonderen: Schuldgefühle

Es ist ein wichtiges Thema, der Verbindung zwischen Trauma-Erfahrungen und Schuldgefühlen nachzugehen. Manchmal fragt man sich, welche Bedeutung es denn hat, dass traumatisierte Personen allen Alters häufig noch zusätzlich durch Schuldgefühle belastet sind.

Folgendes kann zum Verstehen helfen: Schuldgefühle ermöglichen es, so seltsam das klingen mag, dass ein von einem Trauma betroffener Mensch wenigstens noch Verantwortung für die Situationen übernehmen kann. Das gilt selbstverständlich auch für Kinder. Schuldgefühle sind oft die einzige Möglichkeit, das Gefühl zu haben, noch etwas steuern zu können. Denn wenn ich schuld bin, dann bin ich aktiv, dann kann ich es beim nächsten Mal – vielleicht – besser machen, dann kann ich eingreifen und etwas verändern. Vielleicht ist für Sie beim Lesen und Mitfühlen verständlich, dass ganz im Innern mit den Schuldgefühlen auch die Hoffnung bleibt: „Ich bin nicht ganz ohnmächtig, ich bin nicht ganz ausgeliefert. Ich bin schuld, also kann ich es auch anders machen, verändern." Häufig ist dies alles nicht bewusst, sondern es sind nur die Schuldgefühle spürbar. Dann ist es gut zu verstehen, dass die Schuldgefühle ein sinnvoller Versuch, ein „aktives Gegengift" gegen die Ohnmachtserfahrung sind.

Wenn es um Traumata geht, die von nahen Menschen angetan werden, also vor allem Gewalt in wichtigen Beziehungen, dann können Schuldgefühle auch „nötig" und hilfreich sein, um den oder die Täter zu schützen.

> Ein Beispiel: Ein Kind
> ist in der Familie sexualisierter Gewalt ausgesetzt. Es ist in extremer Ambivalenz zum Täter, einem deutlich älteren Bruder, der als Bruder geliebt und bewundert ist, ein Vorbild. Zugleich ist er der Täter, der wiederholt sexuelle Gewalt anwendet, auch wenn er es verführerisch macht und so tut, als würde er damit Nähe herstellen und sich um das Kind kümmern. Auch die Mama ist da oder ein Geschwisterkind, die es merken könnten, dass das Kind dieser Gewalt ausgesetzt ist. Vielleicht nimmt die Mama die Gewalt sogar wahr, sie schaut aber weg, will sie nicht wahrhaben, vielleicht hat sie selbst Angst … – wie auch immer. Schuldgefühle – so eigenartig das klingen mag – können hier den Täter und die Nicht-Helfer schützen, Schuldgefühle können das ganze Familiensystem schützen. Denn wenn das Kind sich schuldig fühlt, sind nicht (nur) die anderen die Täter, sondern auch das Kind. „Ich selbst bin schuld, es liegt an mir, dass der andere so mit mir umgeht und so etwas macht. Ich selbst muss mich ändern, ich selbst kann etwas anders machen."

Das Drama der negativen Selbstzuschreibungen, mit denen solche Schuldgefühle sehr oft verbunden sind, wird schon deutlich. Die Selbstzuschreibung „Ich bin schuld" ist meist verbunden mit „Ich bin schlecht, ich bin böse, ich bin es gar nicht wert, dass ich anders behandelt werde". Weil sich die Gewalt-Situation oft, vor allem von einem Kind, nicht ändern lässt, verstärkt sich die Erfahrung, dass es an ihm liegt, so behandelt zu werden. Vielleicht können Sie ein wenig ahnen, wie groß die Not von großen und kleinen Menschen ist, wenn sie so in Abwertung und Gewalt von außen und zugleich in innere Selbstabwertung und Schuldgefühle verstrickt sind. Dass dies oft als „depressiv" erlebt wird, überrascht vermutlich nicht.

Dissoziative Reaktionen bzw. dissoziative Bewusstseinszustände

Es gibt eine weitere Schutzfunktion unseres Gehirns, sog. dissoziative Zustände, „die durch Traumata direkt während des Ereignisses, aber dann auch in Stresssituationen danach immer wieder ausgelöst werden können. ... Man könnte bildhaft sagen, dass im Gehirn eine Art elektrische Hauptsicherung für Gefühle oder auch Erinnerungen und Gedanken für Momente durchglüht, um Momente später wieder eine ‚Verbindung' zu den Geschehnissen herzustellen. Wenn sich diese Mechanismen während der Traumatisierung einstellen, kann es geschehen, dass Aspekte der Ereignisse oder die ganze Situation der Erinnerung des Kindes nicht zugänglich sind. Solche Mechanismen helfen beim psychischen Überleben des Kindes bei Extrembelastungen" (Krüger 2015, 39).

„Dissos", wie Andreas Krüger die dissoziativen Symptome nennt, sind ein „Überlastungsschutz". Die betroffene Person kommt in unkontrollierte, außergewöhnliche Bewusstseinszustände, konkret kann das von tiefen Abwesenheitszuständen und Erinnerungsstörungen bis hin zu schweren „dissoziativen States" (englisch für „Zustände") führen, „bei denen sich die Menschen plötzlich wie in einer anderen Zeit, einer anderen persönlichen Verfassung, in einem anderem [sic!] Lebensalter wiederfinden. Das passiert meist alles unbewusst" (Krüger Powerbook, 5. Aufl. 2015, 145). Von außen kann dies wahrgenommen werden als Verstummen, Erstarren, Neben-sich-Stehen, Ganz-weit-weg-Sein, die Welt oder sich selbst als fremd erleben. Kinder und Erwachsene beschreiben dies auch selbst oft mit den Worten, dass sie neben sich stehen, dass sie verstummen, erstarren, ganz weit weg sind, immer wieder aus den Beziehungen und aus der Welt fallen. So aus dem Kontakt zur Welt und zu sich selbst herauszufallen, macht einsam.

In Stress oder Überbelastung kennen viele Menschen das „Abtauchen", in Schock- und Schreckmomenten kennen viele geringe Ansätze dieses „Überlastungsschutzes": Manchmal weiß ich nicht mehr, wie ich in einer bestimmten Situation nach Hause gekommen bin. Oder bei einem Arztgespräch erfahre ich eine bedrohliche Diagnose und kann dann nicht mehr erinnern, was die Ärztin oder der Arzt genau gesagt hat. Oder unabhängig vom Lernen und der Prüfungsvorbereitung gerate ich am Beginn der Prüfung in ein Blackout. Oder: Ich bin im Allgemeinen recht redegewandt, und dann gibt es bestimmte Situationen, in denen mir nichts mehr einfällt, in denen ich nichts sagen kann, in denen ich völlig verstumme.

Weitere Reaktionsmuster

Selbstverständlich gibt es weitere Reaktionsmuster. So kann es sein, dass manche Kinder „regressiv" reagieren und sich in bessere Zeiten zurückretten. Manche Kinder fallen in frühere Entwicklungsphasen zurück, in denen alles noch gut war, sie nässen wieder ein, fangen wieder an, am Daumen zu lutschen, benehmen sich wie sehr kleine Kinder. Oder manche Kinder leben nach dem Muster „Angriff ist die beste Verteidigung“: Aggressives, manchmal auch überaktives Verhalten kann ein Hinweis sein auf eine Übererregung. Bei manchen Kindern zeigt sich die Belastung im sogenannten posttraumatischen Spiel, wenn Kinder monoton die immer gleichen Szenen wiederholen. Für uns Erwachsene ist das oft schwer auszuhalten. Aber es ist der Versuch des Kindes, das Erlebte zu verarbeiten und irgendwann – hoffentlich – dem Erlebten auch einen anderen Ausgang zu geben. Dieser andere Ausgang kann manchmal im Spiel unterstützt werden.

So fällt mir Said ein,
ein siebenjähriger Bub mit Kriegs- und Fluchterfahrung, der in der Pause immer wieder mit gestrecktem Arm und Zeigefinger auf imaginäre Ziele schießt. Er macht dies auch im Klassenzimmer und in der Turnhalle von der Sprossenwand aus. Selbstverständlich diszipliniert die Lehrerin das Verhalten, zugleich aber ist wichtig, dass das Kind erleben kann, dass hier alle sicher sind, dass es hier keinen Kampf gibt, keine Bedrohung, dass er zur Ruhe kommen kann, dass er manches erzählen darf und dass es hier auch andere Spiele gibt. Besonders dieses Verhalten macht deutlich, dass es ein Hinweis auf eine Traumafolgestörung sein kann, aber sicher nicht sein muss. Denn ein solches Verhalten kann einfach auch ein Spiel sein, das viele Buben spielen.

Besonders: Ängste

Vermutlich überrascht nicht, dass wir auch mit traumaspezifischen Ängsten rechnen müssen. Vor Übergängen und Abschieden, Dunkelheit, fremden Menschen oder großen Gruppen von Menschen. Oder je nach Erfahrungen – vor Wasser oder lauten Schreien oder überraschenden Geräuschen. Alles kann zum „Trigger" werden, eine äußere Ähnlichkeit, eine ähnliche Stimme, Geruch, Kleidung …, alles kann zum auslösenden Impuls für ein Einbrechen der Erinnerung(en) ins Jetzt werden, ohne diese steuern zu können.

Symptome bei Kindern und Jugendlichen

Bei diesen langen Ausführungen zu den Symptomen einer Traumafolgestörung haben Sie gemerkt, wie vielfältig und mehrdeutig die Symptome sind. Auf *Körperebene* können Übelkeit, Müdigkeit, allgemeine Übersensibilität, Energiemangel auftreten. Auf der *Gefühlsebene* können Traurigkeit, Angst, Hilflosigkeit, Unsicherheit, Lustlosigkeit, Schuld, emotionale Leere sichtbar werden. *Gedanklich* können Misstrauen, Verwirrung, Konzentrationsprobleme, Kontrollverluste, Tagträume, Halluzinationen vorkommen. Im *Verhalten* können sich Schlafstörungen, Albträume, Weinen, Aggressivität, Klammern, Antriebsarmut, Gleichgültigkeit, Teilnahmslosigkeit zeigen.

Kinder zeigen dieses „Aus-der-Welt-Fallen", diesen Dauerstress und die chronische Überforderung sehr unterschiedlich, ein nach Altersstufen gegliederter Überblick zeigt nochmals die wichtigsten Symptome (im Anschluss an Krüger 2015, 41, und an UNHCR- Handbuch 2016, S. 30):

Babys und Kleinkinder bis 3 Jahren

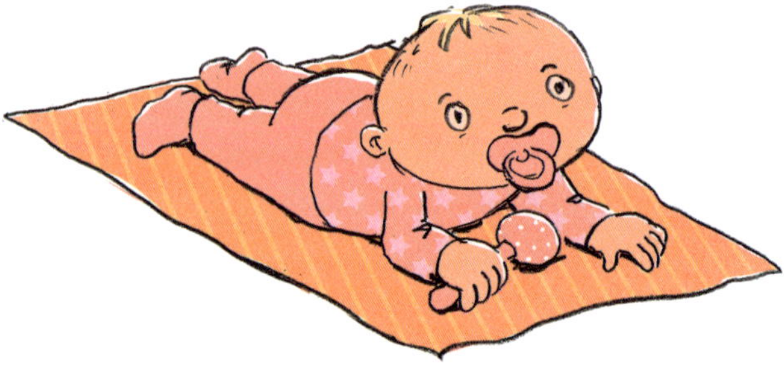

Dass Säuglinge und Kleinkinder vor der Sprachfähigkeit besonders leiden, überrascht an dieser Stelle nicht mehr. Je jünger Kinder sind, wenn ihnen seelische Wunden widerfahren oder angetan werden, desto verletzlicher sind sie. Denn die Möglichkeiten, Erfahrungen zu verarbeiten, die eigenen Bedürfnisse und Gefühle zu regulieren, mit dem Verstand Erfahrungen zu erklären, einzuordnen und zu verstehen, sind noch nicht oder nur in sehr geringem Ausmaß vorhanden. Eigene Verarbeitungsmuster sind noch nicht entwickelt. Das Grundgefühl und das Selbstkonzept sowie die Selbststeuerung, die Selbstwirksamkeit und die Selbstberuhigung werden erst aufgebaut. Negative Selbstzuschreibungen, wie „Ich bin schlecht", „Ich kann niemandem trauen", werden zu Grundbotschaften im Inneren des Kindes. Und: Der Zeitbegriff ist noch nicht entwickelt, sodass eine Bedrohung für ein kleines Kind zeitlich nicht begrenzbar ist. Dies alles kann bis zur völligen Erstarrung führen.

Babys und Kleinkinder können u.a. folgende Symptome zeigen: vermehrt schreien, vermehrt schreckhaft, weniger leicht zu beruhigen. Sie können Schlaf-, Appetit- und Verdauungsstörungen haben. Es können erhöhte Unruhe, Gefühlsschwankungen, aber auch Angst, angespannte Wachsamkeit, klammerndes Verhalten, Entwicklungsverlangsamung, z.B. in der Sprache, oder Entwicklungsrückschritte, Misstrauen und Apathie sichtbar werden.

Kinder im Alter von 3 bis 6 Jahren

Kinder in diesem Alter können alle Symptome des Kleinkindes bis 3 Jahre zeigen. Und zusätzlich können Angst im Dunkeln, Angst vor Tieren, starke Unruhe und ein gestörter Schlaf, Probleme beim Essen (zu viel oder zu wenig) auftreten. Es kann zu vermehrtem Weinen und Schreien kommen, zu Erstarren und Zittern, zu starkem Klammern und zu Angst, alleinegelassen zu werden. Es kann zu Wiederholungen der traumatischen Situation oder des Erlebens im Spiel kommen, Ins-Leere-Starren, erste Aussagen zu Flashbacks. Es können körperliche Beschwerden auftreten ohne somatischen Befund, es kann zu sozialem Rückzug kommen, zu Schwierigkeiten beim Sprechen, zu rückläufiger emotionaler und sozialer Entwicklung und zu aggressivem Verhalten.

Schulkinder zwischen 6 und 10 Jahren

Zu allen bereits genannten Symptomen können beim Schulkind allmählich deutliche Posttraumatische Belastungssymptome auftreten. Immer wiederkehrende Gedanken, Bilder und Fragen werden stärker, Jammer und Anklammern können stärker werden, es kann zu erhöhter Wachsamkeit, zu Schreckhaftigkeit, zu Unruhe und zu körperlicher Übererregung kommen, zu Konkurrenzkämpfen unter Geschwistern und Konflikten um die Aufmerksamkeit der Eltern. Auch können Albträume auftreten, Angst vor Dunkelheit, Einschlaf- und Durchschlafstörungen und Angst vor Situationen, die früher ohne Angst erlebt wurden. Außerdem: Einnässen und Einkoten, Schulleistungs- und Konzentrationsstörungen bis hin zu Schuldverweigerung, sozialer Rückzug, wenig Kontakt mit Gleichaltrigen oder Probleme wegen aggressiven Verhaltens, regressives Verhalten (z.B. Daumenlutschen), Wiederholen der traumatischen Erlebnisse im Spiel oder beim Zeichnen, pessimistische Weltsicht, bedrückte, niedergedrückte Stimmung, quälende Schuldgefühle, psychosomatische Beschwerden, selbstverletzendes Verhalten, Risikoverhalten, Suizidalität, zwanghaftes Verhalten – und all das manchmal hinter einer „ganz normalen Alltagsfassade“.

Jugendliche

Auch hier gelten alle bisherigen Symptome, aber mit dem Älterwerden erweitern sich auch die Auffälligkeiten. Alle Symptome einer Posttraumatischen Belastungsstörung können sichtbar werden, z.B. Schlafstörungen und Albträume, Flashbacks, Appetit- und Essstörungen, Übelkeit und Ekel, vermehrt rebellisches Verhalten, Verweigerung von häuslichen Aufgaben oder überaus verantwortungsbewusstes Verhalten, Schulprobleme in allen Facetten, Konzentrationsprobleme, sozialer Rückzug, Einsamkeit. Bei Gewalterfahrungen kann ein „Wiederherstellen" traumatischer Situationen in verschiedenen Beziehungen (Gleichaltrige, Erwachsene ...) auftreten, selbstverletzendes Verhalten, Drogenkonsum, vermehrt Suizidalität und das Gefühl, keine Zukunft zu haben. Verschiedene psychische Auffälligkeiten können auftreten.

Im späteren Jugendalter entsteht so bereits der Teufelskreis des Scheiterns. Die schlechte Selbstwahrnehmung, die Abwertung der eigenen Person, der fehlende Selbstwert,

Selbstvorwürfe und Schuldgefühle, schulische und soziale Probleme, wenig Fähigkeit zur Selbstberuhigung und Selbstfürsorge, symptombedingte misslingende Beziehungen, auch erste Partnerbeziehungen verstärken den negativen Kreislauf, sexualisiertes und promiskuitives Verhalten. Suchtmittelmissbrauch, existenzielle Zukunftsängste, wenig sozialer Rückhalt … verstärken das Gefühl, ausgeliefert zu sein und zu scheitern. Es wird deutlich, dass ohne Hilfe von Fachpersonen die Dynamik dieses Teufelskreises der Traumafolgestörung nicht durchbrochen werden kann.

Trigger und die Gefahr von Retraumatisierung

„Retraumatisierungen" meinen, dass bei einer Erinnerung ans Trauma die Psyche mit ihren Wahrnehmungsorganen die Gegenwart mit der Vergangenheit „verwechselt". Das Gehirn zeigt dem Bewusstsein die Bedrohung an, die Person fühlt sich im Hier und Jetzt wieder akut bedroht – wie damals. Auch die Reaktionen aus dem Damals werden damit ausgelöst – dies kann wieder die extreme Angst oder der Kampf oder die Ohnmacht und das Erstarren sein, wie damals.

Ausgelöst werden solche Erinnerungen durch „Trigger", durch „auslösende Impulse" für einen erneuten traumatischen Stress: „Dies können sein: Bilder, Geräusche, Gerüche, körperliche Berührungen, klimatische Verhältnisse sowie Landschaften und Örtlichkeiten, Menschen mit Ähnlichkeiten zum Täter, Situationen mit anderen Menschen ohne sichtbare Anzeichen für Konflikte, Gefühle der Überforderung, verbunden mit Ohnmachtsgefühlen aus der traumatischen Situation, Konfliktsituationen in Beziehungen, die an traumatische Erfahrungen erinnern, Trennungserfahrungen. Neue traumatische Erfahrungen nach früheren Traumatisierungen können ‚alte' Narben wieder ‚aufreißen' lassen" (Krüger 2015, 23f). Die betroffene Person reagiert dann aufgrund des Triggers in einer als ähnlich erachteten Situation mit einer starken somatischen Reaktion (etwa Panik, Übelkeit, Apathie, Ohnmacht) wie damals, unabhängig davon, ob sie objektiv vergleichbar sind, und sogar unabhängig davon, ob eine (bewusste) Erinnerung an das ursprüngliche Ereignis besteht.

Wenn es sich anfühlt wie damals, löst die Seele das Notprogramm von damals wieder aus. Das Hier und Jetzt bekommt – im Bild gesprochen – die Farbe des Damals.

Im Trauma werden Erfahrungen nicht eingeordnet. Wenn etwas von ihnen wieder auftaucht, fühlt es sich an, als würde es jetzt passieren.

Deshalb sei hier schon gesagt: Es ist gar nicht möglich, in Schule oder anderen pädagogischen Orten alle Trigger von Kindern zu kennen. Es ist nicht möglich zu wissen oder zu ahnen, welche Bewegung, welche Stimmlage, welcher Geruch und vieles mehr eine Wiederholung, eine „Re-Inszenierung" von extremen Stress- und Bedrohungssituationen bei einer anderen Person auslösen können. Begleitung in der Schule bedeutet deshalb vor allem, Kinder und Jugendliche zu stabilisieren, ihnen einen sicheren Ort zur Verfügung zu stellen.

Ein Zwischenstopp, eine kurze Zusammenfassung

Ich hoffe, dass deutlich werden konnte: Traumata sind „Wunden“, die von außen zugefügt werden. Nature-made disaster oder, leider häufiger und viel schlimmer: Man-made-disaster. Und sie führen zu einer mehrfachen Belastung: Der Belastung selbst, sich und die Welt nicht mehr zu verstehen und selbst nicht mehr verstanden zu werden, aus dem Vertrauen zu sich, den anderen und der Welt zu fallen, und zu den negativen Zuschreibungen, die in Folge geschehen, wie „es liegt an mir“, „ich bin schuld“, „ich bin es nicht wert“ …

Das Bild von Denker und Häschen kann helfen, die Dynamik des Erlebens und der Verarbeitung besser zu verstehen: Wenn unser Häschen in Aufruhr gerät, braucht es Beruhigung, damit sich Denker und Häschen wieder verbinden können. Wenn aber das Häschen in Entsetzen oder in Bedrohung und Gefahr gerät, entkoppeln sich Denker und Häschen, und das Häschen prüft blitzartig und autonom, ob kämpfen möglich ist oder fliehen. Wenn beides nicht geht, ist nur noch das letzte Notprogramm für uns Menschen möglich, die Erstarrung. Man kann sich diese als „Schockgefrieren“ vorstellen. Damit ist der Kontakt nach außen zu anderen Menschen und der Kontakt nach innen zu den eigenen Wahrnehmungen und Gefühlen erstarrt. Das Gefühl, sich und der Welt fremd zu sein, macht den Kontakt zu sich und zur Welt, also zu allen sozialen Beziehungen schwieriger. Und macht einsam.

Und ich hoffe, dass ebenfalls deutlich werden konnte: Manches von dem, was wir in massiven Belastungssituationen selbst tun und was wir bei anderen als störend empfinden, ist der hilflose, der verzweifelte Versuch eines Erwachsenen oder eines Kindes, auf irgendeine Form am Leben zu bleiben, mit aller Anspannung, mit den Intrusionen, mit der Angst …

Schön ist, wenn pädagogische Einrichtungen, Kindergärten, Kindertagesstätten und Schulen „sichere Orte“ für Kinder und Jugendliche sind: Das ist wunderbar und sehr hilfreich. Zugleich aber ist es unmöglich, dass diese pädagogischen Einrichtungen frei von Triggern sind, dass nicht – völlig ungewollt – Impulse auftauchen und Bilder angerührt werden, die an mögliches Entsetzen erinnern bzw. das Entsetzen in der Gegenwart aktivieren.

Und eine Anregung

Wenn Sie sich selbst beobachten, wenn Sie Ihr privates und vor allem Ihr berufliches Umfeld in den Blick nehmen, wenn Sie sich an die vergangenen Wochen erinnern:

- Welche Szenen, welche Empfindungen, welche Erinnerungen sind bei Ihnen aufgetaucht?
- Vermutlich kennen Sie bei sich selbst, im privaten und im beruflichen Umfeld Situationen, in denen das Häschen in Aufruhr gekommen ist. Oder in denen das Häschen sich zurückgezogen hat, verstummt ist …
- Nehmen Sie sich ein wenig Zeit, die bisherigen Informationen mit Ihren eigenen Szenen und Erfahrungen zu verbinden.
- Gerne erinnere ich an den „guten Beginn“ im Buch wie im Leben, wenn wir gesehen werden, wenn Menschen mit im guten Kontakt sind, wenn wir beantwortet werden …
- Wo sind heute für mich selbst Menschen, die mich nähren? Momente, die mich kräftigen und mir guttun? Und was mache ich, wenn mein Häschen in Aufruhr gerät? Was mache ich, um mein Häschen zu beruhigen?

Traumatisierte Kinder und Jugendliche – Möglichkeiten der Unterstützung in der Schule

Es sei erinnert: Wenn Kinder in traumatische Situationen geraten, sie in einer der Möglichkeiten psychischen Überlebens die Situation überstehen, und wenn sie dann gut aufgefangen und begleitet und beruhigt und beantwortet werden, kann das Trauma ohne Folgestörung bewältigt werden.

Wenn Überforderung, Entsetzen, Schockgefrieren und Erstarren nicht aufgelöst werden, wenn sich das Innere eines Kindes nicht beruhigen kann, sondern wenn es in der Übererregung oder in der Erstarrung bleibt, muss das Kind ein Notprogramm für die Seele entwickeln. Es sind dies alle Symptome, die weiter oben bei der Posttraumatischen Belastungsstörung beschrieben wurden. Vor allem aber sind die Übererregung, das Wiedererleben, das Vermeiden oder Dissoziieren zu nennen.

Dieses Notprogramm kann in verschiedenen Situationen abgerufen werden, ausgelöst durch Trigger, die häufig gar nicht bewusst sind. Es zeigen sich dann Verhaltensweisen, die auf das Trauma reagieren, obwohl das Trauma – vielleicht seit Langem – nicht mehr vorhanden ist. Die Überlebensreaktion ist noch vorhanden, weil auch die innere Erregung noch vorhanden ist.

Wie also können Schule und andere pädagogische Einrichtungen für traumatisierte Kinder hilfreich sein? Was ist sinnvoll zu tun? Und was gerade nicht?

Grundlegend: Was ist zu tun?

Mit Kindern und Jugendlichen zu arbeiten, heißt, immer wieder neu die Kinder wahrzunehmen, sie in den Blick zu nehmen. Es heißt, sich selbst zu öffnen, sich selbst frei zu machen, um immer wieder aufs Neue hinzuschauen, sich mit den einzelnen Kindern äußerlich und vor allem auch innerlich zu beschäftigen. Es heißt, einerseits das Verhalten und den Ausdruck der Gefühle der Kinder und Jugendlichen zu beobachten, und andererseits bei sich selbst wahrzunehmen, was einem auffällt am Kind, welche Reaktionen sichtbar und welche Gefühle im Kontakt mit dem Kind spürbar werden. Es ist ein Wahrnehmen mit den Augen und den Ohren und mit dem Herzen – immer und immer wieder.

In der pädagogischen Arbeit geht es nicht um Diagnose und Therapie, sondern um dieses Wahrnehmen und Begleiten. Begleitung in der Schule bedeutet deshalb vor allem, Kinder und Jugendliche zu stabilisieren, ihnen einen sicheren Ort zur Verfügung zu stellen, die Ressourcen und die Verarbeitungsstrategien der Kinder und Jugendlichen zu stärken, *ohne* sich dem Trauma bzw. den traumatischen

Ereignissen zuzuwenden. Die Zuwendung zu den traumatischen Ereignissen hat ihren Ort in der Traumatherapie.

Im pädagogischen Kontext sind zwei Ebenen zu berücksichtigen, wenn es um Begleitung und Unterstützung von traumatisierten Kindern und Jugendlichen geht. Die erste Ebene engagiert sich dafür, dass Kindergarten, Kita und Schule ein guter Ort für Kinder und Jugendliche sind. Die zweite Ebene nimmt besondere Kinder in besonderen Momenten besonders in den Blick. Um auf beiden Ebenen arbeiten zu können, muss aber zuerst die Lehrperson, die Pädagogin selbst Beachtung finden.

Die pädagogische Fachperson, das heißt: mich selbst im Blick haben

Grundlegend bleibt, dass sich die Pädagogin, der Pädagoge selbst gut kennt und für sich selbst gut sorgt. Wenn der eigene Denker und das eigene Häschen gut miteinander im Austausch sind, wenn Selbstfürsorge vorhanden ist und die erwachsene Person sich selbst regulieren und selbst beruhigen kann, sind dies wichtige Fähigkeiten und Haltungen, die Kinder am Vorbild der Erwachsenen lernen können. Häufig erleben Kinder keine oder zu wenig Erwachsene, die hilfreiche Modelle für Selbstliebe, für Selbstregulation und für Selbstberuhigung sind. Deshalb steht die Frage gleich am Beginn dieses Abschnittes: Wie fördere ich immer wieder die Zuwendung zu mir selbst? Was hilft mir, mich gerne zu haben? Was mache ich, um meine Gefühle und Empfindungen gut wahrzunehmen und zu steuern, sie zu regulieren, um mit mir selbst liebevoll umzugehen und um mich selbst zu beruhigen? Wer hat mich dies gelehrt? Wer sind meine Modelle, an denen ich das gelernt habe? So gilt es, auch für sich selbst das eigene Häschen und den eigenen

Denker gut zu spüren, sich selbst gut wahrzunehmen und mit sich selbst im inneren Dialog zu sein. Wer sein eigenes Häschen gut kennt, weiß auch besser, wann das eigene Häschen in Not gerät und was man dann selbst tun kann, um sein Häschen wieder zu beruhigen. Und dann ist es gut, all das zu tun, was dem Denker und dem Häschen hilft, miteinander im Austausch zu sein und zu entspannen und abzuschalten. Dazu gehört z.B. ausreichend schlafen, gesund und regelmäßig essen, Sport oder Musik machen, lesen oder malen, eigene Atem- und Entspannungsübungen, sich mit anderen austauschen – was immer die eigenen Verarbeitungsmöglichkeiten stärkt. Oder kurz gesagt: nicht vereinzeln, nicht verstummen.

Pädagogische Einrichtungen: Ein „guter Ort" für Kinder und Jugendliche

In Kindergarten, Kindertagesstätte und Schule geht es darum, Kindern einen sicheren Ort zu geben und die Stabilisierung zu unterstützen. Es geht darum, mit den Kindern zusammen ihre Stärken und Ressourcen zu entdecken und zu bestärken, Bewältigungsstrategien zu entwickeln und die Resilienz zu fördern.

Die Erwachsenen in pädagogischen Einrichtungen schaffen einen sicheren Ort, indem sie im Alltag

- Zuwendung, Geborgenheit und Sicherheit,
- Präsenz und Resonanz,
- Orientierung und Klarheit

geben. Die Erwachsenen informieren und erklären, sie schaffen Normalität und gestalten den Alltag mithilfe von Ritualisierungen und vertrauten Abläufen und allem, was Tag für Tag gemacht wird. Denn all das kann das Häschen beruhigen. Und Lernen ist nur dann gut möglich, wenn das Häschen beruhigt ist und der Denker und das Häschen gut zusammenarbeiten.

Sie kennen das schon: Wenn das Häschen in Aufruhr ist, muss zuerst das Häschen beruhigt werden, damit Denker und Häschen wieder zusammenfinden. Mit bewusster Aufmerksamkeit kann eine Lehrerin oder ein Lehrer leichter wahrnehmen, wann ein Kind innerlich oder äußerlich in Aufruhr ist und Beruhigung braucht. Also – immer wieder: Häschen beruhigen – Anspannung und Stress, Angst und Ängste reduzieren.

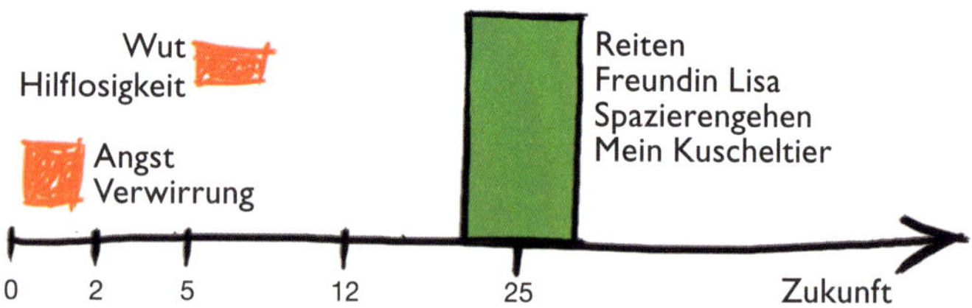

Erst ein stabiles Hier und Jetzt macht einen Unterschied erlebbar, erlaubt das Aussortieren.

Denn im stabilen Hier und Jetzt, in dem ein Kind sicher ist, gelingt es leichter, die Erlebnisse und Bilder und Gefühle aus dem Damals zu unterscheiden vom Jetzt. Und dann müssen, wie in der oben stehenden Grafik, das Reiten, die Freundin Lisa, das Spazierengehen und das Kuscheltier nicht mehr emotional verknüpft sein mit der Wut und der Hilflosigkeit und der Angst und der Verwirrung von früher, sondern können im Jetzt erlebt werden. Und dann können das Reiten, die Freundin Lisa, das Spazierengehen und das Kuscheltier im Hier und Jetzt wieder erfreuliche, lebensfrohe Erfahrungen sein.

So gestärkt kann ein betroffenes Kind auch emotional lernen, dass es vorbei ist, und dies allmählich auch wieder innerlich glauben bzw. dem vertrauen lernen. Häufig aber ist hier professionelle Unterstützung nötig und wichtig.

Dann weiß der Denker und das Häschen fühlt: Es ist vorbei. Altes ist vergangen, im Hier und Jetzt kann man sich freuen auf das, was kommt.

Ein achtsamer und wertschätzender Umgang miteinander schafft Vertrauen und Sicherheit. Schule und Kindergarten und andere pädagogische Einrichtungen können dies im Hier und Jetzt stärken, Tag für Tag. Verlässlichkeit ermöglicht, dass ein Kind sich als wirksam erleben kann, dass es (mit)steuern und mitentscheiden kann, dass es sich sicher fühlen kann.

Verlässlichkeit ermöglicht, dass ein Kind nicht überrascht wird von dem, was kommt, dass es einer Veränderung nicht ausgeliefert ist. Verlässlichkeit gibt dem Kind die Kontrolle zurück. Das heißt: Die Erwachsenen kündigen an, was als Nächstes kommt. Die Aussagen und Informationen gelten, ich kündige als Lehrerin oder Lehrer nur an, was ich nachher auch einhalten kann. Ich bin vorhersehbar und einschätzbar, die Kinder wissen, womit sie bei mir rechnen können. Ich verhalte mich verlässlich und konstant und „berechenbar“, mein Verhalten ist nicht überraschend, sondern klar. Und Klarheit schafft wieder Vertrauen.

Umgekehrt kennen Sie vermutlich sogenannte „Double Binds“, Doppelbotschaften, die oft verwirren: Jemand erzählt mir von einer schweren Erkrankung in der Familie und lächelt dabei. Wenn der Inhalt, die Worte, die jemand sagt, nicht mit der Mimik übereinstimmen, verwirrt uns dies. Wir wissen dann nicht mehr: Soll ich dem Gefühl oder den Worten glauben? Es wird unsicher, woran ich mich orientieren und worauf ich mich verlassen kann.

Klarheit und Kontinuität schaffen wieder Sicherheit und wirken stabilisierend. Für Schülerin oder Schüler ist es hilfreich, wenn Abläufe immer wiederkehren: Jeden Morgen ist die Lehrerin oder der Lehrer da, jeder Tag hat eine Struktur, die das Kind kennt, das Kind kann sich auf die Abläufe einstellen. Die Lehrerin, der Lehrer sagt dem Kind, wenn sich etwas verändert. Das Kind kann sich darauf verlassen, dass die Lehrerin und der Lehrer die Wahrheit sagen. Das Kind kann sich auf deren Wort verlassen. Und es kann sich an der Stimme und am Blick der Lehrerin, des Lehrers orientieren, Gefühle und Stimmungen kann es im Gesicht des Lehrers, der Lehrerin gut sehen. Rituale und Ritualisierungen fördern das Vertrauen und die Sicherheit und unterstützen die Beziehungen.

Vermutlich sind Ihnen sehr viele dieser Möglichkeiten längst vertraut. Sie machen Schule und auch andere pädagogische Einrichtungen zu einem sicheren Ort. Und damit helfen Sie als Kindergartenpädagogin und als Lehrkraft dem Kind. Selbstverständlich unterstützen Sie auch als Eltern Ihr Kind, wenn Sie diese Überlegungen auf den Alltag in der Familie übertragen.

Ein sicherer Ort entsteht durch

- einen strukturierten Tagesablauf,
- Rhythmisierung des Unterrichts,
- Rituale im Alltag,
- gemeinsame Regeln zur Orientierung,
- transparentes, klares und zugewandtes Verhalten der Erwachsenen,

- das Gespräch über Ereignisse und Gefühle,
- wohltuende Dinge zu unternehmen, von Belastung abzulenken,
- soziale Zeit und
- Zeit für sich, Rückzugsmöglichkeiten, Pausen, genügend Ruhe und gesunde Ernährung.

An einem sicheren Ort geben Erwachsene den Kindern – altersentsprechend – Sicherheit und Geborgenheit, sie sind präsent und geben Resonanz, sie geben Orientierung, sie sind klar und einschätzbar. Sie informieren, erklären, helfen zu verstehen, sie schaffen Normalität und vertraute, z.T. ritualisierte Abläufe, sie ermöglichen einen überschaubaren Alltag ohne böse Überraschungen.

Kindergarten, Kita und Schule können „sichere Orte" sein, wenn eine gewisse Klarheit in den Abläufen und Regeln vorhanden ist, wenn Kinder und junge Menschen im gesetzten Rahmen selbst bestimmen und entscheiden können, wenn Abläufe und Veränderungen angekündigt werden, wenn Verlässlichkeit in den Beziehungen und im Tun im Alltag gegeben ist. Diese Regelmäßigkeit und diese Normalität lassen konkret erleben: Das Leben geht weiter. Es ist wieder möglich zu steuern. Ich finde zurück ins Leben.

Selbstberuhigung lernen: konkrete Impulse

Selbstregulation lernen

Eltern und Erziehungspersonen, Pädagoginnen und Pädagogen können dem Kind helfen, dass Verstand und Gefühl (Denker und Häschen) gut in Kontakt kommen und im Kontakt sind. Dies geschieht, indem das Kind lernt,

- seine eigenen Bedürfnisse wahrzunehmen,
- seine Gefühle wahrzunehmen und zu regulieren,

- sich selbst zu beruhigen,
- sich auszudrücken und
- zu wissen, an wen es sich bei Bedarf wenden kann,
- und Hilfe für sich zu holen.

Kinder können ihre Gefühle und Bedürfnisse noch nicht selbst regulieren. Sie brauchen die Zuwendung Erwachsener.

Es hilft Kindern, wenn sie lernen, ihre Bedürfnisse wahrzunehmen und zu kennen, wenn sie spüren, was sie brauchen und was ihnen guttut. Es hilft Kindern, wenn sie lernen, ihre Gefühle wahrnehmen, sie ausdrücken, sie steuern zu können. Denn dies alles ist nicht angeboren, sondern – mehr oder weniger gut – gelernt. Kinder brauchen Erwachsene, die sie dies lehren und täglich mit ihnen üben.

Kinder lernen von Erwachsenen, ihre Gefühle und Bedürfnisse wahrzunehmen, zu benennen und zu regulieren.

Körpersignale beachten

Der Körper zeigt die Bedürfnisse, im Körper sind die Bedürfnisse gut spürbar. Es hilft Kindern, wenn sie lernen, die Signale ihres Körpers zu beobachten und kennenzulernen, wenn sie wissen, was ihre Bedürfnisse sind, was die Körpersignale bedeuten und wie sie damit umgehen können.

Konkret spüren wir Hunger und Durst, Kälte und Hitze, Müdigkeit und Schmerz im Körper. Wir spüren aber auch Freude und Angst im Körper, Scham und Entsetzen. Die Sprachbilder machen dies sichtbar, wenn es zum Beispiel heißt: Mir rutscht das Herz in die Hose. Mein Herz hüpft vor Freude. Mein Atem stockt. Das Blut gerinnt in meinen Adern.

Durch das Vorbild Erwachsener und durch Übungen lernen Kinder, stürmische Emotionen zu beruhigen.

Kinder brauchen uns Erwachsene, um Fürsorge für sich und für andere zu lernen. Dies kann mithilfe von Übungen zur Beruhigung und zur Selbstwahrnehmung sein, diese werden selbstverständlich in unbeschwerten Zeiten mit allen Kindern geübt. Einzelne seien sehr exemplarisch genannt:

Atemübungen

Der „Atemtrick“ kann bei starker Übererregung helfen, auch wenn Kinder einfach aufgeregt und überdreht sind: Die betroffene Person atmet ganz fest aus, hält den Atem so lange an, wie es nur geht, und atmet erst dann wieder ein. Und atmet wieder ganz fest aus, hält den Atem wieder so lange an, wie es nur geht, und atmet dann wieder ein …

Oder umgekehrt: Die betroffene Person atmet ganz fest ein, hält den Atem so lange an, wie es nur geht, und atmet erst dann wieder aus. Und atmet wieder ganz fest ein, hält den Atem wieder so lange an, wie es nur geht, und atmet dann wieder aus …

Oder Kinder stellen sich vor, dass sie vor einer großen Geburtstagstorte sitzen mit so vielen Kerzen, wie sie alt sind. Und bei jedem Ausatmen pusten sie bewusst eine einzelne Kerze auf der Geburtstagstorte aus – und dann die nächste – und die nächste.

Gefühle zeigen

Alle Übungen können eingesetzt werden, die das Wahrnehmen und Ausdrücken von Gefühlen stärken:

- vorgefertigte „Gefühlskarteien" in verschiedener Darstellungsart, als Gesichter oder als Lego-Gefühle oder in Tier-Darstellungen,
- Gefühle, von Kindern pantomimisch dargestellt und erraten,
- als kleine Karten gemalt
- und verdoppelt für ein Memory-Spiel verwendet
- oder mithilfe von Kinderbüchern besprochen.

Das Angebot an Materialien zur Unterstützung der emotionalen Entwicklung, dem Wahrnehmen und Ausdrücken von Gefühlen ist riesig.

Selbstberuhigung lernen mit Ritualen

Selbstwahrnehmung und soziale Sicherheit werden durch jede Form der Ritualisierung im Alltag gestärkt, es seien hier exemplarisch der Morgenkreis oder ein kleines

Ritual am Ende des Vormittags oder des Nachmittags erwähnt.

Alle Formen von spielerischer Bewegung und Entspannungstechniken können helfen, z.B. Achtsamkeitsübungen, Progressive Muskelentspannung oder Yoga mit Kindern …

Selbstberuhigung lernen mit Stofftieren u.a.

Steht Selbstberuhigung im Vordergrund, kann diese mithilfe eines Stofftiers erreicht werden oder durch Körperbewegungen oder durch das Summen einer Melodie oder anderer Geräusche. Manche Kinder gehen in solchen Momenten im Klassenraum umher, nicht weil sie stören wollen, sondern weil sie sich durch das Gehen und die Bewegung beruhigen können. Oder sie müssen aus dem Klassenraum hinausgehen, um Luft zu bekommen, sicheren Boden und sicheren Raum. Oder sie summen vor sich hin oder machen andere, im Klassenraum oft als störend empfundene Geräusche. Auch diese können der Beruhigung dienen und haben in dem Fall nicht die Absicht vorsätzlicher Unterrichtsstörung.

Simon,
ein Bub in der 4. Klasse Grundschule, sitzt mit einer Stoffmaus in der Hand auf seinem Platz, im Moment hat er keinen Kontakt zu anderen Kindern, er ist mit seiner Stoffmaus beschäftigt. Es stellt sich heraus, dass das Kind große Schwierigkeiten mit der Verarbeitung von Gefühlen hatte und dass es Trigger gab, die weder die Lehrerin noch die Eltern des Kindes noch das Kind selbst kannten. In manchen Momenten erfasste ihn eine aggressive Kraft, dann konnte er andere Kinder und auch sich selbst verletzen. Die Stoffmaus war ein Geschenk seiner Mama, und in kleinen Schritten gelang es in der Zusammenarbeit zwischen Lehrerin und

Mama, dass der Junge in seinen massiven Stressmomenten zur Maus griff, anstatt andere Kinder oder sich zu verletzen. Mit der Maus in der Hand konnten allmählich die Aggressionen kanalisiert und gebremst werden. Und vor allem half die Maus auch, seine massive innere Übererregung, seinen Hasen etwas zu beruhigen.
Schön war, in der Klasse zu beobachten, dass mit der Zeit auch andere Mitschüler in Zeiten massiver Anspannung Simon ganz schnell um die Stoffmaus baten, um sich zu beruhigen. In einer Szene konnte ich beobachten, wie wenige Minuten später Simon selbst die Stoffmaus zurückforderte, weil er sie selbst wieder benötigte. Die Stoffmaus hat einen weiteren Vorteil: Sie kann in der Erregung und im Aufruhr auch im Raum herumgeworfen werden, ohne dass sich jemand verletzt. So kann eine Stoffmaus – oder irgendetwas anderes – die innere Erregung beruhigen.

Es ist gut, wenn Kinder solch eine Art „Stoffmaus" zur Beruhigung haben. Es hilft, mit Kindern gemeinsam zu überlegen, was ihnen hilft, wenn sie außer sich sind vor Angst oder Wut oder Anspannung. Vielleicht ein Stofftier, vielleicht eine Schmusedecke oder ein Kissen … – was auch immer hilfreich ist und guttut. Und: Es ist gut, wenn wir als Erwachsene ebenfalls verschiedene Möglichkeiten zur Beruhigung nutzen, die nicht gesundheitsschädigend sind, wie z.B. massive Essanfälle oder starkes Rauchen oder Alkohol- und Suchtmittelmissbrauch.

Krafttiere

Selbstbild- und Selbstwertstärkung kann durch Trost- und Kraftwesen geschehen, indem Kinder sich z.B. überlegen, welches Tier sie gerne sein möchten. Dieses Tier wird genannt, und gemeinsam oder in kleineren Gruppen wird gesammelt, welche Eigenschaften das Tier hat, welche Eigenschaften des Tieres den Kindern assoziativ einfallen. Diese Eigenschaften werden notiert, und dann darf eine andere Person oder das Kind selbst die Eigenschaften seines Wunsch- oder Lieblingstiers vorlesen, indem immer mit der Formulierung begonnen wird: „Ich bin …". Wenn z.B. der Löwe als Lieblingstier gewählt wird und als Assoziationen zum Löwen die folgenden Eigenschaften genannt wurden: stark, fürsorglich zu seinem Nachwuchs, zufrieden, ist stärker als die anderen Tiere, muss die anderen Tiere nicht fürchten, dann kann das Kind selbst sagen: „Ich bin stark. Ich bin fürsorglich. Ich bin zufrieden, ich muss die anderen nicht fürchten." Oder jemand anderer wiederholt für das Kind, sodass es gut zuhören kann, so oder ähnlich: „Du bist stark. Du bist fürsorglich, du musst niemanden fürchten …"

Trost- und Kraftworte

Trost- und Kraftworte und Rituale können helfen, innere Vorstellungen und Bilder von Stärke zu entwickeln. Positive Affirmationen und Glaubenssätze können diese bestärken. Kinder können für sich solche Kraftworte finden, sie können diese auch gemeinsam suchen und entwickeln. Sie können diese für sich aufschreiben, in die Hosentasche stecken oder auf ihr Pult legen, damit sie sich immer wieder daran erinnern können. Alle Übungen, die aus der Resilienzförderung bekannt sind, können eingesetzt werden, um vor allem die Schutzfaktoren zu verstärken.

Tagebücher und Geschichten

Kinder können ein kleines Heft als „Tagebuch" nutzen, in dem das Kind selbst aufschreibt, was es schon gut kann, was es gelernt hat, was heute Spaß gemacht hat. Vielleicht auch, was nicht so schön war … Für ein Kind oder zwei einzelne Kinder kann dies auch die Pädagogin, der Pädagoge notieren.

Imaginationsübungen und Fantasiereisen können stärken, die Kreativität anregen, ihren Ausdruck im Malen finden. Kinderbücher regen an und bieten Geschichten und Bilder, schaffen Atmosphäre beim Lesen und Erzählen.

Und: Kinder brauchen Geschichten, Kinder brauchen Geschichten mit Happy End. Also: kein offenes Ende, sondern Geschichten mit einem guten Schluss. Das tut uns Erwachsenen ja auch oft gut. Dafür eignen sich Kinderbücher; einige exemplarische finden Sie am Ende der Literaturliste. Grundsätzlich gilt: Wählen Sie als Erwachsene *die* Kinderbücher, die den Kindern und Ihnen selbst gefallen und die Sie faszinieren, zum Beispiel „Bestimmt wird alles gut".

Schatzkisten, Glück- und Mutsteine und Sorgenfresser

Um schöne Erfahrungen zu bewahren, kann ein Schatzkästchen gebaut werden, in das alle stärkenden und schönen und glücklichen Momente hineingegeben und gesammelt werden. Eine kleine Schachtel, eine kleine Kiste wird verziert mit Steinen und kleinen Bildern und Sticker und allem anderen, was dem Kind selbst gefällt.

Um einen Glückstein oder Mutstein zu gestalten, kann jedes Kind selbst einen Stein suchen und mitbringen. Jedes Kind beschriftet den eigenen Stein mit dem Stichwort „Glück" oder „Mut"; er wird angemalt und kann in der Hosen- oder Schultasche mit nach Hause genommen werden.

Ebenfalls ist möglich, dass es eine Schachtel oder eine Schale mit schönen Steinen gibt. Ein Kind, das gerade einen „Glückstein" oder etwas „Mut" braucht, darf sich einen Stein aussuchen. Dieser Stein wird im Sitzkreis oder nur einigen Kindern weitergereicht, und die Kinder nennen einen ermutigenden Satz, sprechen einen Wunsch oder einen Tipp aus. Das betroffene Kind darf dann den Glück- oder Mutstein an diesem Tag oder für ein paar Tage in die Hosentasche oder vor sich auf die eigene Schulbank legen. Oder das Kind darf den Stein behalten (vgl. UNHCR 2016, 34).

Es kann auch sinnvoll sein, dass es für alle Kinder in der Klasse eine einfarbige Kiste von eher dunkler Farbe gibt, in die alle schlechten und schwierigen Erfahrungen, auf Zettel gemalt oder notiert, hineingesteckt werden. Für schwierige Situationen kann es auch einen „Sorgenfresser" geben, ein Stofftier mit einem Reißverschluss, in das alles Belastende hineingegeben wird, und der Sorgenfresser frisst die Sorgen auf.

Kinder können somit lernen: So selbstverständlich, wie wir den Körper pflegen, pflegen wir auch die Seele, mit all diesen Impulsen und vielen weiteren Ideen. Wir tun dies mit allen Übungen, die uns kognitiv, emotional und handelnd stärken und die guttun. Wie wir von uns denken, wird „Selbstkonzept" genannt, wie wir uns fühlen, macht das „Selbstwertgefühl" aus, und die „Selbstwirksamkeit" beschreibt, wie wir etwas bewirken und uns im Handeln und im Tun erleben. So geht es immer wieder darum, mit Kindern – und selbstverständlich auch als Erwachsene – immer wieder daran zu arbeiten, dass wir gut von uns denken, uns selbst wertvoll und stark fühlen, und dass wir immer wieder die Erfahrung machen: Wir können bei Menschen etwas bewirken, wir können Dinge beeinflussen und etwas bewegen.

Positiv tragende Religiosität und spirituelle Impulse können diese Dimensionen im Menschen bestärken.

Für Kinder mit Fluchterfahrungen

Wenn ich Schulen besuche, ist es für mich immer wieder berührend zu sehen, was Lehrpersonen und Schulleitungen so selbstverständlich tun, und zwar für alle Kinder, aber für Kinder mit Fluchterfahrungen ganz besonders: sie begrüßen, in Kontakt gehen, da sein. In einfacher Sprache begleiten, anschauen, beruhigen. Und andere Kinder einbinden, zur Unterstützung und für den Kontakt nutzen. So oft erlebe ich, wie Lehrerinnen und Lehrer selbstverständlich das tun, was ich oben immer wieder beschrieben habe: einen sicheren Ort schaffen, Häschen beruhigen, die innere Aufregung so weit wie möglich reduzieren, nah am Kind, achtsam und zugleich körpernah, mit Blick und beruhigender Stimme, mit Gesten, wie dem Halten der Hand.

Für eine erste Zeit können „Willkommensklassen" hilfreich sein, das sind besondere Klassen, in denen die Lehrpersonen Zeit haben, sich den Kindern in ihrer besonderen Situation des Ankommens zu widmen. Wichtig dabei sind das Ankommen als Person, gesehen und beantwortet werden, das Ankommen in der neuen Kultur, in der neuen Sprache, in der neuen Umgebung. Und das Ankommen im Neuen beinhaltet immer auch Trauerarbeit, das Loslassen dessen, was bisher vertraut und schön und bedeutsam war. Auch das braucht Zeit.

Ich erlebe an vielen Schulen, wie Kinder mit Kriegs- und Fluchterfahrung in reguläre Klassen aufgenommen werden. Besonders im Kindergarten, in der Grundschule und in der Tagesbetreuung ermöglicht das dem Kind, sogleich Anschluss an die anderen Kinder zu finden. Oft bin ich beeindruckt, wie selbstverständlich Pädagoginnen und Pädagogen mit innerer Differenzierung Kindern unterschiedliche Aufgaben geben, und Kinder, die leicht und schnell lernen, anderen Kindern selbstverständlich beim Lernen helfen. Dass dadurch die Sprachentwicklung und die Handlungsfähigkeit aller Kinder gefördert werden, liegt auf der Hand.

Es gibt ein „Begrüßungspaket“ für Flüchtlingskinder mit allen Informationen für die Eltern, mit Namen und Kontaktdaten der Schule, mit Vordrucken für Krankmeldungen oder vorgedruckten Sprechhilfen für Anrufe an der Schule, Stundenplan und weiteren Informationen über den Ablauf und besondere Anlässe im Schuljahr. Mit Heften und Stiften, etwas zum Spielen … Manchmal sind Gutscheine für das Pausenbrot beigefügt, wenn es im Kindergarten oder an der Schule ein kleines Frühstück gibt, oder Gutscheine für das Mittagessen, wenn gemeinsam in der Kantine gegessen wird, damit die betroffenen Kinder nicht wegen der Kosten ausgeschlossen sind.

Ich erlebe an Schulen, dass im ganzen Schulgebäude wichtige Infos mit Bildkarten markiert sind, sodass es gut möglich ist, sich ohne Sprache zu orientieren. Ich sehe im Eingangsbereich eine Weltkarte, an der markiert ist, aus welchen Herkunftsländern die Kinder und Lehrpersonen an der Schule kommen. Ich erlebe auf den Stufen zum Schulhaus oder im Treppenhaus bunte Karten, auf denen in allen Sprachen „Herzlich willkommen“ oder „Guten Tag“ geschrieben steht, z.B. in der Praxisschule Feldkirch.

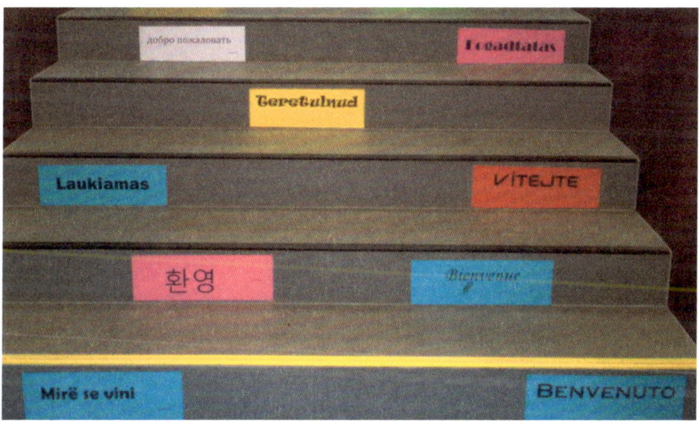

Eine ältere Schülerin oder ein älterer Schüler kümmert sich um einen jüngeren Schüler, macht mit ihm Sprachübungen und geht mit Wortkarten durch die Schule.

Ältere Schülerinnen und Schüler überlegen miteinander, wie es ihnen ergehen würde, wenn sie in einem Land wären, in dem sie die Sprache nicht sprechen und die Buchstaben nicht lesen können, in dem sie die Umgangsformen und Regeln nicht kennen. Sie überlegen sich, welche Hilfen sie in dieser Situation brauchen würden. Und welche Hilfen ein Kind an ihrer Schule braucht, um gut anzukommen, sich wohlzufühlen und sicher zu sein.

Klassenrituale zur Unterstützung der wiederkehrenden Abläufe helfen zur Orientierung. Begrüßungsritual am Morgen, Rituale zum Wiedererkennen der Tages- und Wochenstruktur am Übergang zwischen verschiedenen Arbeitsschritten am Tag, Bewegungslieder und Körperübungen, ein Ritual am Ende des Tages, z.B. ein Verabschieden in verschiedenen Sprachen. Und auch hier wieder: Bilder und Piktogramme, die das Verstehen unterstützen. Geburtstagsrituale und andere Feste ermöglichen, dass Kinder wieder die Sicherheit des Jahresrhythmus erleben: Schönes und Schweres – es kommt und es geht vorbei.

Manchmal sind Abschiede unvermeidbar. Auch dann sind Ritualisierungen hilfreich. Und es ist gut, Bilder, Briefe, Zeichnungen oder Fotos zu machen oder auch Werkstücke, Lerntagebücher, Hefte zu nutzen, um die Erinnerungen aufzuzeichnen und mitzunehmen. Erinnerungen zu sammeln, die eigene Stärken, gemeinsame Erlebnisse, schöne Stunden festhalten und die Erfahrung, gemocht zu werden und Freunde zu haben.

Was auch passieren kann: Besondere Kinder in besonderen Situationen

Ins Damals fallen

Es kann passieren, dass ein Kind „ausrastet", andere Kinder oder sich selbst verletzt, innerlich wie weggetreten ist, ganz abwesend. Wenn ein Kind in dieser Reaktion nicht mehr wirklich ansprechbar ist, dann ist auch hier eine Art „Erste Hilfe" notwendig.

Das Wichtigste ist immer:

- Ruhe bewahren.
- Das Kind fest und direkt anschauen und
- mit Namen ansprechen – laut und deutlich.
- Eine Berührung ankündigen und dann
- starke Sinnesreize setzen, z.B. die Hand oder den Arm des Kindes berühren und umfassen, ein kaltes Tuch auf den Arm legen …
- reorientieren, d.h. nach dem Namen fragen, nach Ort und Zeit. Oder dies selbst sagen, z.B. „Du, Samira, du bist hier in Deutschland/Österreich/in der Schweiz, du bist in der Schule, heute ist Freitag, der 17. Februar. Ich bin deine Lehrerin, ich heiße … Ich bin hier bei dir. Hier ist es gut. Du bist hier in der Schule sicher."

Solche Interventionen sind anstrengend für alle, erfahrungsgemäß nehmen sich die anderen Schülerinnen und Schüler in solch besonderen Situationen zurück. Im Anschluss ist es oft wichtig, dem betroffenen Kind zu erklären: „Du warst gerade ganz weit weg, jetzt bist du wieder hier. Das ist gut." Manchmal ist es auch notwendig, den anderen Kindern zu sagen, dass es ihrer Mitschülerin oder ihrem Mitschüler jetzt wieder gut geht. Und danach gilt es, einen Arbeitsschritt einzubauen, der allen Beteiligten, vor allem aber dem Kind und Ihnen selbst, etwas Ruhe verschafft. Im Kontext von Schule kann dies bedeuten, dass eine kurze Atemübung oder ein Bewegungsspiel erlauben durchzuatmen. Aktive und lautere Atemübungen sind meiner Erfahrung nach gut möglich, wie zum Beispiel: Wir atmen aus wie ein Tiger. Oder: Wir stellen uns einen Geburtstagskuchen vor und blasen viele Kerzen ganz fest einzeln aus. Dies kann mit einer Bewegungsübung kombiniert werden. Manchmal passt es, zu leiser Musik zu malen oder eine kürzere Zeit dem Lesen zu widmen, also im Tun wieder zur Entspannung zu finden. Wenn das betroffene Kind mag, kann es sich in der Spielecke oder in der Sitz- und Leseecke etwas hinlegen und ausruhen. Wichtig ist: Es soll guttun, und es soll die (Über)Erregung wieder abbauen – bei allen Beteiligten.

Immer wieder gilt die Einladung, hinzuschauen und wahrzunehmen, wenn Kinder verändertes Verhalten oder veränderte Gefühle zeigen. Die Schritte sind immer diese:

- Hinsehen – und Auffälligkeiten wahrnehmen.
- Mögliche Symptome sehen (Wo und wann zeigen sie sich, wann nicht?).
- Evtl. auch mögliche Ursachen wahrnehmen.
- Den Austausch untereinander suchen, Gespräche führen – mit dem Kind, dem Jugendlichen, mit Kolleginnen und Kollegen und mit der Leitung.
- Die Eltern oder andere Bezugspersonen einbeziehen.
- Mit Unterstützungspersonen an den Schulen zusammenarbeiten, mit Vertrauenslehrkräften, Beratungslehrpersonen, der Schulsozialarbeit u.a.
- Nächste Schritte überlegen und den nächsten Schritt beschließen.
- Linderung und Lösung suchen und evtl. weitere Unterstützungssysteme einbeziehen.

Was ist im akuten Notfall zu tun?

Sollte ein Kind einem akuten Notfall ausgesetzt sein, einem Unfall, einer Bedrohung, dann soll das Kind so schnell wie möglich aus der bedrohlichen Situation herausgenommen und an einen sicheren Ort gebracht werden. Und dann gilt es, als erwachsene Person Sicherheit zu schaffen, da zu sein, im Kontakt zu bleiben durch die Nähe, manchmal auch körperlich durch Halten der Hand, durch Halten des Kindes selbst, ausreichend Wärme oder Kühlung zu geben, damit sich die Erregung abbauen kann. Nachfragen, erzählen lassen und Gefühle benennen, Informationen ergänzen, damit die Erfahrungen nicht isoliert bleiben, sondern emotional und kognitiv zugänglich werden und so ins autobiografische Gedächtnis integriert werden können. Manchmal ist es wichtig und möglich, dass das Kind den guten Ausgang noch sehen kann oder zumindest darüber informiert wird, damit die Szene abgeschlossen und im Gedächtnis eingeordnet werden kann.

> Selina
> wurde auf dem Schulweg Zeugin eines Radunfalls mit einem verletzten Radfahrer. Der Rettungswagen kam, um diesen ins Krankenhaus zu bringen. Selina kommt anschließend zur Schule – und es ist emotional spürbar, dass sie Zuwendung braucht, dass ihr Häschen beruhigt werden will. Sie erzählt der Lehrerin an diesem Vormittag wiederholt von dem Unfall, sie sucht die Nähe der Lehrerin, vor allem auch körperlich. Sie fragt nach, wie es dem Radfahrer jetzt wohl geht, sie will den Ausgang wissen. Die Lehrerin betont, dass der verletzte Radfahrer sicherlich bereits medizinisch versorgt ist, dass Ärzte sich um ihn kümmern, dass es ihm vermutlich schon wieder besser geht. Die Lehrerin regt Selina an, in

einer Zeichnung auch den guten Ausgang festzuhalten, worauf Selina einen lachenden Radfahrer im Klinikbett sitzend darstellt, mit Besuch und Menschen rundum.

Im Akutfall ist es gut, neben allem Erste-Hilfe-Wissen sich zusätzlich vor Augen zu führen: Eine massiv erschreckende und überfordernde Situation bringt das innere Häschen in absoluten Aufruhr, zu Kampf oder Flucht, oder es bringt das Häschen sogar in Erstarrung. Jeder Kontakt zum Denker ist in diesem Aufruhr unmöglich. Wie auch immer – zuerst muss das Häschen sicher sein, damit es sich beruhigen kann. Deshalb ist immer wichtig: das Kind in Sicherheit bringen, Sicherheit geben und Zeit lassen, bis sich das Kind sicher fühlt. Nach einiger Zeit kann man ein Kind auch fragen, ob es sich jetzt wieder sicher fühlt. Gut ist, wenn die jeweils dem Kind am nächsten stehende Person bei ihm bleibt, wenn diese selbst stabil genug ist. Wenn niemand da ist oder stabil da ist, ist auch eine fremde Person hilfreich, die dableibt. Die Person, die beim Kind ist, begleitet alles, was sie tut, mit Worten, wie z.B. „Ich bin jetzt da, ich bin bei dir, wir holen uns jetzt eine Decke …"

Als Erwachsene begleiten wir durch Nähe, durch unser Dasein und Dabeibleiben, mit Worten und Stimme, manchmal mit vorsichtigen Berührungen oder mit In-den-Arm-Nehmen – je nach Alter des Kindes und je nach Beziehung ist mehr oder weniger körperliche Nähe möglich. Selbstverständlich nehmen wir ein kleines Kind in den Arm, beruhigen durch Körper und Stimme.

Zusammengefasst:

- Das Kind in Sicherheit bringen
- In Kontakt gehen (Augenhöhe des Kindes)
- Nähe und Wärme geben, da sein

- Die eigenen Handlungen erklären
- Mit Stimme, mit Worten, mit körperlicher Präsenz, mit Blicken … da sein und halten
- Die Gefühle des Kindes ernst nehmen, nicht verharmlosen und nicht dramatisieren
- Schocksymptome aushalten …
- Zuhören, wenn reden (schon) möglich ist
- Das Kind fragen, was es gesehen hat, was es weiß, Informationen ergänzen
- Ganz konkret die nächsten Schritte überlegen und planen: ich mache jetzt …

Ehrlichkeit der helfenden Person ermöglicht dem Kind die Erfahrung, ernst genommen zu sein. Und Ehrlichkeit fördert das Vertrauen. Deshalb sind wir als Erwachsene insofern ehrlich, als wir nichts sagen oder versprechen, was nicht stimmt, was wir nicht wissen können oder was wir nicht einhalten können. Das Kind ernst nehmen, seine Gefühle ernst zu nehmen, diese weder zu verharmlosen noch abzuschwächen noch zu verstärken, gibt dem Kind die Sicherheit, gehört zu werden. Nicht zu bagatellisieren und nicht zu dramatisieren, ermöglicht, dass die betroffene Person, egal wie alt sie ist, nicht darum kämpfen muss, gehört und gesehen zu werden. Auch das schafft Vertrauen. Und Vertrauen gibt Sicherheit.

Wichtig aber ist, zugleich zu spüren, ob ich selbst die Kraft habe, dem Schock oder dem Schmerz oder dem Verlust oder was immer das Entsetzen auslöst, standzuhalten. Wenn nicht, ist es gut, wenn ich mich nach jemandem umsehe, der beim Kind bleiben kann.

Um sich selbst nicht zu überfordern, hilft Folgendes:

- Prüfen Sie, ob Sie selbst unterstützen können
- Vertrauen Sie auf sich selbst (Gefühle, Intuition ...)
- Wenn es für Sie selbst hoch belastend ist, wenn Sie im Entsetzen selbst erstarren, ist es gut, eine andere Person einzubinden.

Denn: Ein Erwachsener kann schützen, ein Erwachsener kann beruhigen, und wenn ein Erwachsener etwas macht, ist die Ohnmacht ein bisschen begrenzt.

Bei Verdacht auf Kindeswohlgefährdung

Bei Verdacht auf Kindeswohlgefährdung besteht Meldepflicht an die entsprechende Behörde.

Für Deutschland gilt das Sozialgesetzbuch SGB VIII, Achtes Buch zur Kinder- und Jugendhilfe; § 8a beschäftigt sich mit dem Schutzauftrag bei Kindeswohlgefährdung.

Im Österreichischen Kinder- und Jugendhilfegesetz (seit 1. Mai 2013) besteht Meldepflicht, wenn der begründete Verdacht besteht, dass das Kindeswohl gefährdet ist: „(1) Ergibt sich in Ausübung einer beruflichen Tätigkeit der begründete Verdacht, dass Kinder oder Jugendliche misshandelt, gequält, vernachlässigt oder sexuell missbraucht werden oder worden sind oder ihr Wohl in anderer Weise erheblich gefährdet ist, und kann diese konkrete erhebliche Gefährdung eines bestimmten Kindes oder Jugendlichen anders nicht verhindert werden, ist von folgenden Einrichtungen unverzüglich schriftlich Mitteilung an den örtlich zuständigen Kinder- und Jugendhilfeträger zu erstatten: ...“ Unter anderen Einrichtungen heißt es: „Einrichtungen zur Betreuung oder zum Unterricht von Kindern und Jugendlichen“ (B-KJHG 2013, § 37). Diese Verpflichtung gilt in allen deutschsprachigen Ländern.

Das österreichische Gesetz regelt genau, was einer Meldung vorauszugehen hat. Diese Schritte seien kurz genannt: Ausgangspunkt für jede Meldung ist die Wahrnehmung der pädagogischen Fachperson, meine Beobachtung des Kindes, ob ich als pädagogische Fachkraft Verhaltensauffälligkeiten und vor allem Verhaltensänderungen wahrnehme. Über diese Wahrnehmungen muss ich Aufzeichnungen führen und das Gespräch und den Austausch mit Kolleginnen und Kollegen suchen, die das Kind ebenfalls kennen. Im Gespräch mit der Schulleitung oder der Leitung einer anderen pädagogischen Einrichtung sind die Wahrnehmungen weiter zu vertiefen. Wichtig ist dabei, dass nicht Deutungen, sondern tatsächlich Wahrnehmungen ausgetauscht werden. In diesen Gesprächen muss überlegt und entschieden werden, welche Schritte als nächste wichtig und richtig sind, z.B. Gespräch mit dem Kind oder Jugendlichen, Gespräch mit den Eltern, Meldung an die Kinder- und Jugendbehörde.

Unterstützungssysteme und professionelle Hilfen

Es ist gut zu wissen, wer in der eigenen Region Unterstützung bietet, welche Institutionen für betroffene Kinder und ihre Eltern zur Verfügung stehen, welche Institutionen betroffene Erwachsene und ihre Kinder begleiten und welche Hilfen im schulischen Bereich vorhanden sind. Die Komplexität darf nicht unterschätzt werden, denn wenn ein Kind akut traumatisiert wird, sind die Angehörigen und die Familien im Umfeld und die Familien in der Gruppe oder Klasse mit betroffen, und häufig ist es auch die Lehrperson oder die Kindergartenpädagogin.

Deshalb sei erinnert:

- im Akutfall sind Kriseninterventionsteams beizuziehen,
- behördliche Vertreterinnen und Vertreter für Kinder- und Jugendhilfe,
- Kinder- und Jugendanwaltschaft,
- im System Schule Unterstützungen, wie Beratungslehrkräfte, Schulsozialarbeit sowie Mitarbeitende der Schulpsychologie.
- Für Eltern sind oft Hausarzt, Kinderarzt und/oder Beratungsstellen niederschwellige und kostengünstige Hilfen.
- Manchmal ist es gut, auch für sich selbst Unterstützung zu suchen, z.B. Austausch mit Kolleginnen und Kollegen, Beratung, Supervision ...

Und was macht Traumatherapie?

Stärkere Auffälligkeiten sowie die Annäherung und die Bearbeitung von traumatischen Erlebnissen gehören in die Hand von Traumatherapeutinnen und -therapeuten. Lehrpersonen sind hier sehr wichtig und hilfreich, evtl. verstärkte Auffälligkeiten bei Kindern und Jugendlichen wahrzunehmen und an die entsprechenden Institutionen und Fachpersonen zu vermitteln. „Ich glaube, dass der Kern jeder Traumatisierung in extremer Einsamkeit besteht. Im äußersten Verlassensein. Damit ist sie häufig, bei Gewalttrauma immer, auch eine Traumatisierung der Beziehungen und der Beziehungsfähigkeit. Eine liebevolle Beziehung, die in mancher Hinsicht einfach ‚sicher' ist, wird unerlässlich sein, um überhaupt von einem Trauma genesen zu können." So wird Onno van der Hart im Kontext der Traumapädagogik zitiert. Als Pädagoginnen und Pädagogen in Schule, Kindergarten und Kindertagesstätten ebenso wie als Eltern und Großeltern in Familien geben wir den Kindern eine verlässliche Beziehung und einen sicheren Ort.

Ein Exkurs: Krisenintervention

Ein Akronym bringt die Schritte der Krisenintervention im schulischen Kontext auf den Punkt (vgl. Haider 2008). Das Akronym KRISE hilft auch in vielen anderen Situationen. Hier stelle ich es mit Bezug zur Schule vor:

Kontakt
Rettungsanker
Information
Suchen
Entscheiden

Kontakt aufnehmen und Beziehung aufbauen

- ohne falsche Scheu direkt ansprechen
- nicht zwischen Tür und Angel
- wenn es im schulischen Rahmen stattfindet: nicht vor der ganzen Klasse

Vermitteln Sie Interesse, dass Sie das Kind, den Schüler, die Schülerin ernst nehmen und dass alles streng vertraulich ist, dass nur die etwas erfahren, die es erfahren müssen – und dass dies nur mit der Schülerin, dem Schüler gemeinsam geschieht.

Rettungsanker anbieten

„Prinzip Hoffnung" – das bedeutet zu signalisieren: „Es ist sinnvoll, mit mir zu reden." Es hilft, Beobachtungen anzusprechen und in Aussicht zu stellen, dass es sicherlich alternative Lösungs- und Handlungsmöglichkeiten geben wird. Auch wenn ein Kind nicht reden will, ist es für das Kind gut zu wissen, dass da jemand zum Reden wäre ...

Mein eigener innerer „Rettungsanker" kann heißen: „Ich habe die Gewissheit, dass wir eine Lösung finden. Vielleicht kenne ich diese Lösung noch nicht heute, aber morgen oder übermorgen werde ich eine finden. Und vielleicht finde ich diese Lösung nicht alleine, aber zusammen mit anderen Menschen werde ich sie finden." Diesen Anker lebe ich glaubwürdig vor. Diesen Anker kann ich auch jungen Menschen mitgeben.

Informationen zusammentragen

Den Schüler, die Schülerin reden lassen, erzählen, sich alles/vieles von der Seele reden. Selbst: Genau hinhören, empathisch zuhören, durch gezielte Fragen zu Klarheit und Strukturierung beitragen. Achten Sie auf die Problemanalyse: Wie sieht die derzeitige Lebenssituation aus?

Welche Hintergründe könnten die vorhandenen Symptome haben? Was waren die Auslöser der Krise? Wie sehen die bisherigen Lösungsversuche aus? Worum geht es genau?

Emotionale Entlastung heißt, allen Gefühlen Raum zu geben. Erst wenn auch die inneren Spannungen und belastenden Emotionen »draußen«, ausgesprochen und gehört sind, ist ein weiteres Vorgehen sinnvoll ... Und achten Sie auch auf den familiären Hintergrund. Ein Kind kann auch Symptomträger des Systems sein, d.h. der Krisenherd liegt woanders. Am Ende dieses Schrittes, der oft im Stress der Situation zu schnell abgehandelt wird, sollte klar und verständlich beantwortet werden können: Was genau macht die Krise aus? Was ist der Kern der Problematik?

Suchen nach Ressourcen, Alternativen und Zukunftsperspektiven

Dies ist meist die zentrale Arbeit in der Krisenbearbeitung. Neue Handlungsmöglichkeiten, hoffnungsvollere Perspektiven und effektive Problemlösungsstrategien zur Krisenbewältigung wollen gefunden werden. Dabei ist es wichtig, nicht die eigenen Lösungen zu übertragen, sondern dem Schüler, der Schülerin zu helfen, eigene Lösungsmöglichkeiten zu entdecken. Meine Lebenserfahrung als Erwachsene/r darf und soll aber einfließen, das ist eine wichtige Ressource auf der Seite der erwachsenen Person.

Im Kontext von Schule ist es wichtig, familiäre Bezugspersonen in das Lösungsmodell einzubeziehen, damit ein tragfähiges soziales Netz geschaffen wird. Ziel ist, in kleinen Schritten Alternativen, eine neue Perspektive zu finden. Wenn diese gefunden ist, müssen mögliche Ängste, die der Umsetzung im Weg stehen, beachtet und analysiert werden. Übungen dazu sind z.B. die Zeitreise: Wenn du dir vorstellst, wir sind ein Jahr in der Zukunft, wo stehst du dann? Was hast du gemacht? Was, denkst du, war hilfreich für dich? Oder andere systemische Fragen.

Entscheiden

Konkrete Schritte beschließen:

- Was kann ich jetzt ganz konkret tun?
- Mit wem muss ich noch reden?
- Wen braucht es noch?

Immer gilt: Die Schülerin, der Schüler sind und bleiben Expertin und Experte für ihre Situation. Als Erwachsene unterstützen, begleiten, stabilisieren wir. Und wir sind manchmal ein Modell für mögliche Lösungen. Nicht hilfreich ist voreiliges oder rein rationales Handeln, zu dramatisieren oder zu bagatellisieren, selbst die Verantwortung zu übernehmen wie z.B. »Da trag ich dich schon durch!« (vgl. Haider 2008, 33).

Traumatisierte Kinder in der Schule verstehen – auffangen – stabilisieren
Ein vorläufiger Schluss

Dieses Buch soll eine Ermutigung sein. Eine Ermutigung, nicht zu bewerten, sondern hinzuschauen und uns selbst, die Menschen, die wir gerne haben, und v.a. die Kinder, für die wir beruflich und/oder privat Verantwortung tragen, wahrzunehmen, mit Kopf und Herz – in ihren Stärken, in ihren Bedürfnissen, in ihren Begrenzungen. Wir sind eingeladen, Veränderungen bei den Kindern wahrzunehmen – Veränderungen, die uns Freude machen, aber auch solche, die uns Sorge bereiten. Es geht nicht darum, jetzt überall „Traumatisierungen" zu sehen. Eine Überstrapazierung, eine inflationäre Verwendung des Begriffs schadet, wo es um tatsächliche Traumata und deren Folgestörungen geht.

Es geht darum, Kindern einen geborgenen Alltag und einen sicheren Ort zu ermöglichen, wo gegebenenfalls auch die Häschen zur Ruhe kommen können, wo Beziehungen verlässlich sind und Menschen Orientierung geben und „berechenbar" sind. Es geht also darum, dass wir Erwachsene dafür sorgen, dass Kindergärten und Kinderbetreuungseinrichtungen und Schulen ein guter und sicherer Ort für Kinder sind. Dann können Kinder erleben, dass sie etwas bewirken können, dass sie Kraft haben, dass sie gut von sich denken dürfen und dass sie ihre Welt – gemeinsam mit anderen – gestalten können.

Dafür braucht es Erwachsene, die selbst gut auf sich und ihre eigenen Kräfte schauen, die selbst gut von sich denken, die sich selbst beruhigen, die im Stress ihre Reaktionsmuster kennen und sich mit anderen zusammentun können.

So verschieden wie dicke und dünne, große und kleine Engel sind, so verschieden sind wir Menschen, in guten Zeiten wie in Krisenzeiten. Das Bild mag an unsere Verschiedenheit erinnern.

Es ist höchst sinnvoll, Kindern und Jugendlichen immer wieder einen sicheren Ort anzubieten, auch wenn wir viele Traumatisierungen nicht verhindern und zahlreiche nicht direkt auffangen und beantworten können. Aber es gibt ein Motiv, das hinter all diesem Tun steht. Deshalb danke ich Ihnen hier auch für Ihr Engagement, wo immer Sie gerade leben und arbeiten. Dieses Motiv ist in knappen Worten in einem Gedicht von Rose Ausländer gefasst:

Immer sind es
die Menschen

Du weißt es

Ihr Herz
ist ein kleiner Stern

der die Erde
beleuchtet

Literatur

Ahrens-Eipper, Sabine/Nelius, Kathrin, Trauma First. Das Seefahrercamp 6–10. Ein Behandlungsprogramm für Kinder mit Traumafolgestörungen, Halle/Saale 2014.

Boon, Suzette/Steele, Kathy/ Van der Hart, Onno, Traumabedingte Dissoziation bewältigen. Ein Skills-Training für Klienten und ihre Therapeuten, Paderborn 2013.

Braunmühl, Susanne von/ Peters, Beate (Hg.), Kinder auf der Flucht, in: Grundschule Religion 54 (2016) Heft 1.

Brisch, Karl Heinz (Hg.), Bindung und Migration, Stuttgart 2016.

Burkhardt-Mußmann, Claudia / Dammasch, Frank (Hg.), Migration, Flucht und Kindesentwicklung. Das Fremde zwischen Angst, Trauma und Neugier, Frankfurt a. M. 2016.

Butollo, Willi/ Krüsmann, Marion/ Hagl, Maria, Leben nach dem Trauma. Über den therapeutischen Umgang mit dem Entsetzen, München 1998.

Fischer, Gottfried/ Riedesser, Peter, Lehrbuch der Psychotraumatologie, München 3. Aufl. 2003.

Friedmann, Alexander u.a., Psychotrauma. Die Posttraumatische Belastungsstörung, Wien 2004.

Gahleitner, Silke Brigitta u.a. (Hg.), Traumapädagogik in psychosozialen Handlungsfeldern. Ein Handbuch für Jugendhilfe, Schule und Klinik, Göttingen 2014.

Harald Haider, Psychische Probleme von Kindern und Jugendlichen. Wahrnehmen – verstehen – helfen, Linz 2008.

Hantke, Lydia/ Görges, Hans-J., Handbuch Traumakompetenz. Basis für Therapie, Beratung und Pädagogik, Paderborn 2012.

Hofbauer, Christiane, Kinder mit Fluchterfahrungen in der Kita. Leitfaden für die pädagogische Praxis, Freiburg i. Br. 2016.

Holderegger, Hans, Der Umgang mit dem Trauma, Stuttgart 2. Aufl. 1998.

ICD-10, Version 2016, F.43, in: http://www.icd-code.de/icd/code/F43.-.html

Korittko, Alexander, Posttraumatische Belastungsstörungen bei Kindern und Jugendlichen, Heidelberg 2016.

Kraemer, Horst, Das Trauma der Gewalt. Wie Gewalt entsteht und sich auswirkt. Psychotraumata und ihre Behandlung, München 2003.

Krüger, Andreas, Erste Hilfe für traumatisierte Kinder, Ostfildern 5. Aufl. 2015.

Ders., Powerbook. Erste Hilfe für die Seele. Trauma-Selbsthilfe für junge Menschen, Hamburg 5. Aufl. 2015.

Ders., Powerbook Spezial. Erste Hilfe für die Seele, Band 2. Mehr Trauma-Selbsthilfe für junge Menschen, Hamburg 2015.

Ders./Reddemann, Luise, Psychodynamische Imaginative Traumatherapie für Kinder und Jugendliche. PITT-KID – Das Manual, Stuttgart 4. Aufl. 2016.

Landolt, Markus A./Hensel, Thomas (Hg.), Traumatherapie bei Kindern und Jugendlichen, Göttingen 2. Aufl. 2012.

Leuzinger-Bohleber, Marianne/ Lebiger-Vogel, Judith (Hg.), Migration, frühe Elternschaft und die Weitergabe von Traumatisierungen. Das Integrationsprojekt „ERSTE SCHRITTE“, Stuttgart 2016.

Levine, Peter A./Kline, Maggie, Kinder vor seelischen Verletzungen schützen. Wie wir sie vor traumatischen Erfahrungen bewahren und im Ernstfall unterstützen können, München 2010.

Dies., Verwundete Kinderseelen heilen. Wie Kinder und Jugendliche traumatische Erlebnisse überwinden können, München 3. Aufl. 2007.

Reddemann, Luise/ Dehner-Rau, Cornelia, Trauma. Folgen erkennen, überwinden und an ihnen wachsen, Stuttgart 2. Aufl. 2006.

Reddemann, Luise, Psychodynamische Imaginative Traumatherapie. PITT – Das Manual. Ein resilienzorientierter Ansatz in der Psychotraumatologie, Stuttgart 2011.

Shah, Hanne, Das Recht auf Bildung. Flüchtlingskinder in Grundschulen, in: Grundschule Religion 54 (2016), 24–27.

Siebert, Gabriele/Pollheimer-Pühringer, Margit, Flucht und Trauma im Kontext Schule. Handbuch für PädagogInnen, hg. UNHCR Österreich, Wien 2016.

Tinker, Robert/Wilson, Sandra, EMDR mit Kindern. Ein Handbuch, Paderborn 2. Aufl. 2006.

von der Kolk, Bressel, Verkörperter Schrecken. Traumaspuren in Gehirn, Geist und Körper und wie man sie heilen kann, Lichtenau/Westfalen 3. Aufl. 2016.

Van der Hart, Onno, in: http://www.traumapaedagogik.de/

Weinberg, Dorothea, Psychotherapie mit komplex traumatisierten Kindern. Behandlung von Bindungs- und Gewalttraumata der frühen Kindheit, Stuttgart 3. Aufl. 2014.

Dies., Traumatherapie mit Kindern. Strukturierte Trauma-Intervention und traumabezogene Spieltherapie, München 5. Aufl. 2013.

Dies., Verletzte Kinderseele. Was Eltern traumatisierter Kinder wissen müssen und wie sie richtig reagieren, Stuttgart 2015.

Zimmermann, Davi, Migration und Trauma. Pädagogisches Verstehen und Handeln in der Arbeit mit jungen Flüchtlingen, Gießen 3. Aufl. 2015

Zito, Dima/ Martin, Ernst, Umgang mit traumatisierten Flüchtlingen. Ein Leitfaden für Fachkräfte und Ehrenamtliche, Weinheim und Basel 2016

Ferner zahlreiche Internetseiten mit Fachinformationen und Informationen über Institutionen zur Unterstützung bei Traumatisierungen.

Kinderbücher zum Thema „Kinder und Flucht“

Boie, Kirsten/Birck, Jan, Bestimmt wird alles gut. Deutsch – Arabisch, Leipzig 2016.

Dubois, Claude K., Akim rennt, Frankfurt a. M. 2013.

Fuchshuber, Annegert, Karlinchen. Ein Kind auf der Flucht, Berlin 2015.

Geda, Fabio, Im Meer schwimmen Krokodile. Eine wahre Geschichte, München 2011.

Gómez-Redondo, Susana/Wimmer, Sonja, Am Tag, als Saída zu uns kam, Wuppertal 2016.

Read Together-Team (Hg.), Der erste Schultag. Deutsch – Englisch – Arabisch, Wien 2016.

Teller, Janne, Krieg. Stell dir vor, er wäre hier, München 2011.

Zu den anderen traumatisierenden Themen gibt es sehr viel Literatur, unter anderem

Pro Familia /Dagmar Geisler (Illu), Mein Körper gehört mir! Schutz vor Missbrauch für Kinder ab 5, München 3. Aufl. 2011.

Wildwasser Würzburg e.V. (Hg.), Anna ist richtig wichtig. Ein Buch über sexuelle Gewalt in LEICHTER SPRACHE, Köln 2. Aufl. 2015.

Empfohlen seien alle Bücher und vor allem Kinderbücher

- zur Entwicklung von Gefühlen und
- zum emotionalen Lernen,
- zur Selbstwertstärkung und
- zur Selbststeuerung,
- alle Bücher zu Imagination und Fantasiereisen,
- zu Impact-Techniken,
- zu Märchen und Geschichten mit gutem Ausgang